IBRASA

LIVROS QUE
CONSTROEM

Dados Internacionais de Catalogação na Publicação (CIP)
(Câmara Brasileira do Livro, SP, Brasil)

Horowitz, I. A.
Primeiro livro de xadrez / I. A. Horowitz, Fred Reinfeld ; tradução de A. Tourinho. – 16. ed. – São Paulo : IBRASA, 1999.

Título Original: First book of chess.

1. Xadrez 2. Xadrez + Estudo e ensino I. Reinfeld, Fred, 1910-1964. II. Título.

99-3589 CDD-794.107

Índice para catálogo sitemático:

1. Xadrez : Estudo e ensino 794.107

PRIMEIRO LIVRO DE XADREZ

Biblioteca

ESPORTES E JOGOS

— 4 —

Volumes publicados:

1.	*Partidas Selecionadas de Xadrez*	V. V. Smyslov
2.	*Completo Manual de Jogos de Cartas*	E. Culbertson
3.	*Divertimentos Matemáticos*	Martin Gardner
4.	*Aberturas de Xadrez*	Fred Reinfeld
5.	*Ataque e Contra-ataque no Xadrez*	Fred Reinfeld
6.	*A Aventura do Xadrez*	E. Lasker

PRIMEIRO LIVRO DE

XADREZ

I. A. HOROWITZ e FRED REINFELD

Redatores de *Chess Review*

Tradução de

A. TOURINHO

18ª EDIÇÃO

IBRASA

Instituição Brasileira de Difusão Cultural Ltda.

São Paulo - SP

Título do original norte-americano:

First Book of Chess

Capa de
ALBERTO NACER

IBRASA
INSTITUIÇÃO BRASILEIRA DE DIFUSÃO CULTURAL LTDA.
Rua. Treze de Maio, 446 - Bela Vista
01327-000 - São Paulo - SP
Tel/Fax: (0xx11) 3284-8382
e-mail: ibrasa@ibrasa.com.br
home page: www.ibrasa.com.br

Impresso em 2010

IMPRESSO NO BRASIL – PRINTED IN BRAZIL

ÍNDICE

1 *O Tabuleiro*

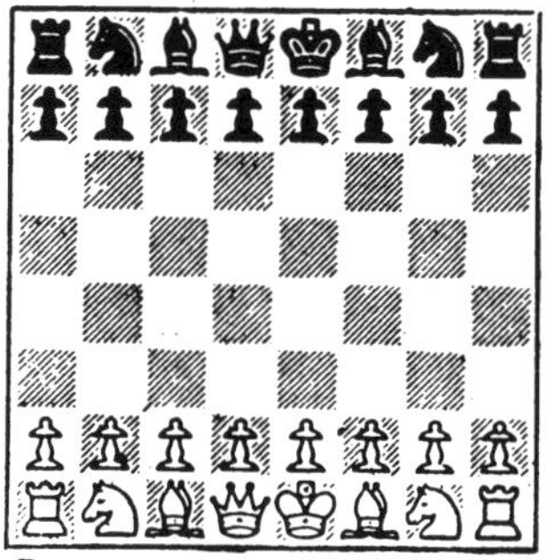

2 *A Posição Inicial*

OS ELEMENTOS

O XADREZ EXIGE dois oponentes, que realizam alternadamente os lances.

A partida se desenvolve sobre um *tabuleiro,* composto de 8 fileiras horizontais e 8 colunas verticais, todas com 8 casas (Diagrama 1).

As casas são alternadamente claras e escuras, para melhor distinguir uma casa das adjacentes. Ao contrário do jogo de dama, no xadrez *todas as 64 casas* são utilizadas.

No início da partida, cada adversário possui 16 peças. Demais, para não haver confusão, é necessário que sejam 16 claras e 16 escuras.

As casas claras são denominadas *casas brancas* e as escuras, *casas pretas.*

Da mesma forma, as peças claras e escur
do tabuleiro são denominadas, respectivame
te, *peças brancas* e *peças negras.*

O jogador que movimenta as peças branc
é conhecido como *branco;* o jogador das peç
escuras, como *negro.*

Ao ter início a partida, cada jogador disp
das seguintes forças:

BRANCAS		NEGRAS
♔	um REI	♚
♕	uma DAMA	♛
♖ ♖	duas TÔRRES	♜ ♜
♗ ♗	dois BISPOS	♝ ♝
♘ ♘	dois CAVALOS	♞ ♞
♙ ♙ ♙ ♙ ♙ ♙ ♙ ♙	oito PEÕES	♟ ♟ ♟ ♟ ♟ ♟ ♟ ♟

Cada jogador dispõe suas peças(*), em fo
mação típica, sobre as duas fileiras mais pr
ximas a ele (Ver Diagrama 2 e a fotograf
na página seguinte).

---

* O termo *peças* engloba todas as figuras sobre o tabulei
porém há quem prefira excluir os peões dessa denominação.

Posição Inicial

Os diagramas são muito úteis para a compreensão dos textos. Convém, inicialmente, procurar identificar cada peça do seu jogo (ou da fotografia) com os símbolos correspondentes que aparecem nos diagramas.

É preciso não olvidar que, nos diagramas, as brancas sempre ocupam a parte de *baixo* e as negras a de *cima*. As brancas avançam para *cima* e as negras para *baixo*.

Ao iniciar a colocação das peças para jogar, convém verificar sempre se a posição do tabuleiro está correta, isto é, se na sua *extrema direita* se encontra uma *casa branca*.

Os principiantes costumam trocar as posições do rei e da dama. Há uma regra simples para evitar esse equívoco: *a dama deve ocupar casa da mesma cor*. A dama branca ocupa casa branca e a negra, casa preta, devendo corresponder-se em uma mesma coluna. Os reis também devem estar numa mesma coluna, ao lado de suas damas(*).

O bispo junto ao rei é *o bispo-rei.* O cavalo ao seu lado, *o cavalo-rei* e, finalmente a torre, *a torre-rei.*

No flanco dama, as coisas se passam de forma idêntica, e assim temos *o bispo-dama, o cavalo-dama* e *a torre-dama.*

Também os peões recebem nome. O peão em frente ao rei, é *o peão-rei;* o peão em frente à torre-rei, é *o peão-torre-rei etc.* Estará o leitor em condições de nomear todos os peões?

Cabe às brancas *darem início à partida.* Em seguida as negras completam o lance. Prosseguem as brancas com o segundo lance, que é completado pelo movimento das negras, e assim sucessivamente, sempre em movimentos alternados.

* Estas fileiras verticais são chamadas *colunas.* A coluna que as damas ocupam é a *coluna da dama;* a ocupada pelos reis é a *coluna do rei.* Do mesmo modo, as outras seis colunas são denominadas de acordo com as peças que as ocupam, logo no início do jogo.

MOVIMENTOS DAS PEÇAS

O FASCÍNIO do xadrez provém da diversidade de movimento das peças, cada uma com seu movimento específico. Com isto, reúne o xadrez possibilidades imensas, que não podem ser repetidas em outro qualquer jogo de tabuleiro.

Antes de entrarmos no estudo do valor das peças, convém conhecermos a denominação das diversas séries de casas.

Cada série de casas verticais constitui uma *coluna,* que toma o nome da peça que a ocupa quando na formação inicial.

As casas, dispostas horizontalmente, formam as *fileiras,* que são *numeradas* de *1* a *8* a contar de cada lado do tabuleiro.

Assim, no Diagrama 2, os peões brancos ocupam a *segunda fileira das brancas* e os negros, a *segunda fileira das negras.*

Uma série seguida de casas da mesma cor, denomina-se *diagonal.* No Diagrama 2, as casas seguidas, que se iniciam em torre-rei das brancas e terminam na casa ocupada pela torre-dama das negras, constituem uma *diagonal* (indo do canto direito embaixo ao canto esquer em cima).

Passemos agora ao movimento das peças.

O movimento do rei é o mais simples de todos.

O Rei

O **REI** pode mover-se em todas as direções, apenas uma casa de cada vez. Isto significa que ele pode mover-se para a frente, para trás, para os lados e de viés.

Ver Diagrama 3

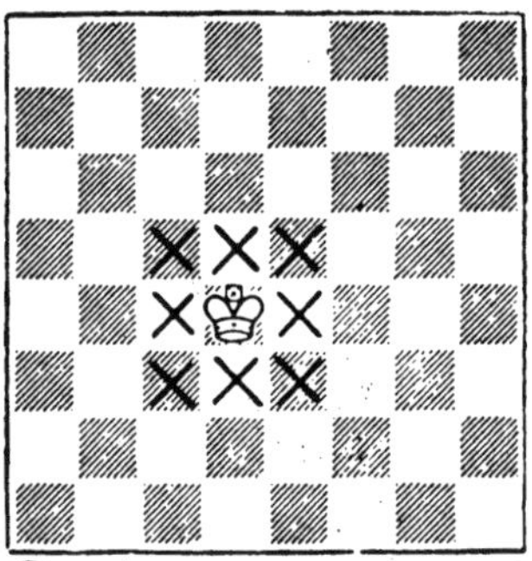

3 *Aqui o rei tem 8 movimentos possíveis. Observe-se que ele está sobre a coluna da dama e na quarta fileira. Esta casa é denominada 4D. Por quê?*

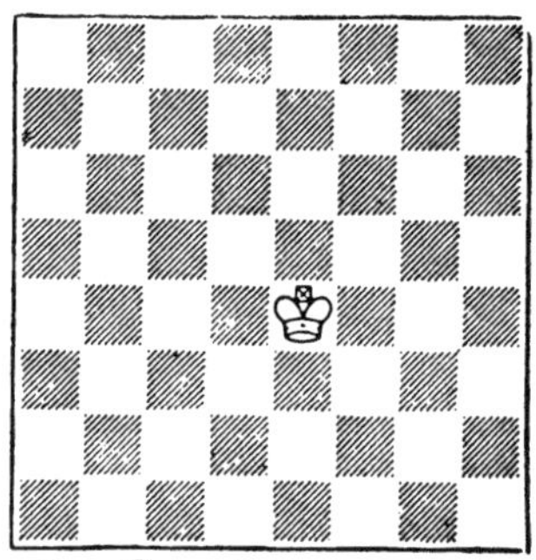

4 *O rei moveu-se ao longo da quarta fileira (lateral ou horizontalmente) e agora ocupa a coluna do rei. Esta casa é denominada 4R. Compare com o Diagrama 3.*

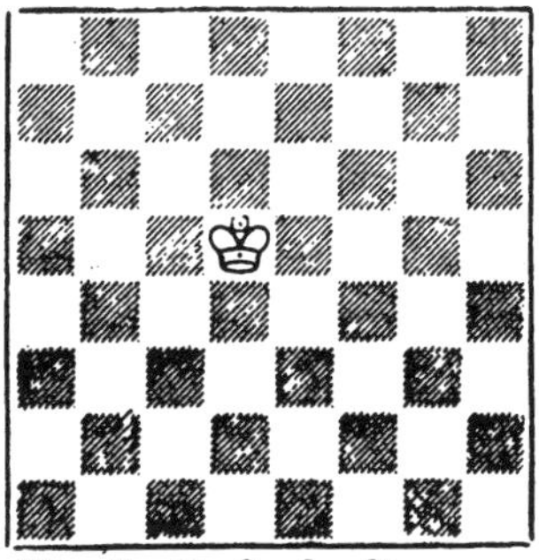

5 *Partindo do diagrama 3, o rei moveu-se ao longo da coluna da dama e alcançou a quinta fileira. Esta casa é denominada 5D. Compare com o Diagrama 3.*

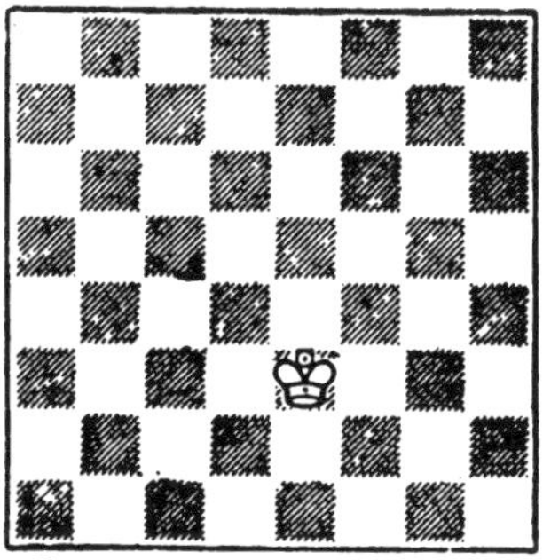

6 *Partindo do Diagrama 3, o rei moveu-se em ângulo (em diagonal) para 3R. O rei está agora na coluna do rei e sobre a terceira fileira.*

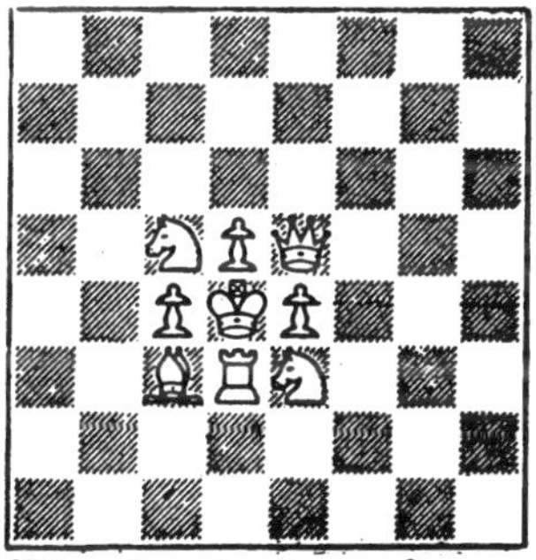

7 *O rei não pode mover-se devido às suas próprias peças, porque não salta sobre elas. Logo, nesta posição, o rei não pode realizar qualquer lance!*

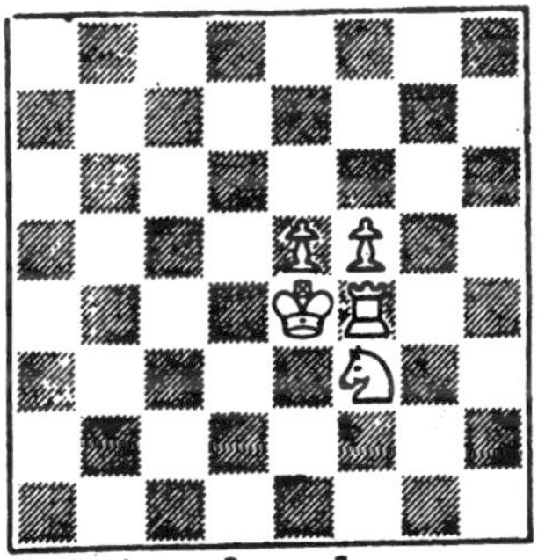

8 *Ainda observamos que o rei, não podendo deslocar suas peças, nem saltar sobre elas, só poderá mover-se para 5D, 4D, 3D e 3R.*

9 *O rei captura no mesmo sentido do seu movimento. Isto é, ele pode tomar uma peça inimiga, situada em casa adjacente. Qualquer uma das peças negras, neste diagrama, pode ser capturada pelo rei.*

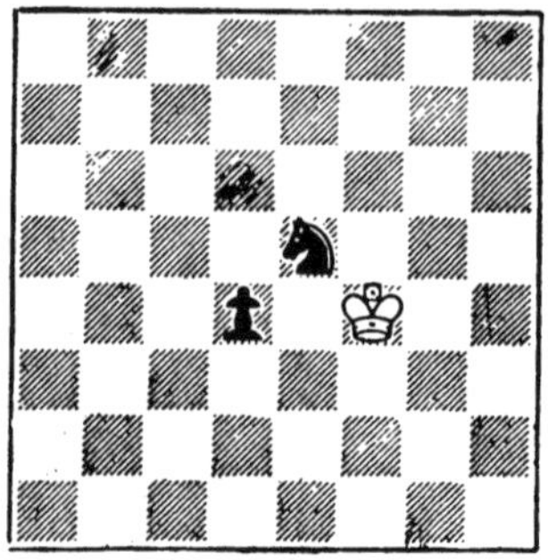

10 *O rei tomou o peão da coluna do bispo-rei (o peão-bispo-rei). Este lance é representado por R x PB. O rei podia também ter tomado o outro peão (R x PD) ou o cavalo (R x C).*

A DAMA, como o rei, pode mover-se pelas colunas, fileiras e diagonais — isto é, verticalmente, horizontalmente e pelas diagonais.

Porém, enquanto o rei só pode caminhar uma casa de cada vez, *a dama movimenta-se através de toda uma linha que se encontra disponível para ela,* sujeita ao impedimento tanto das peças amigas que lhe bloqueiam o caminho, como das inimigas que podem ser capturadas por ela.

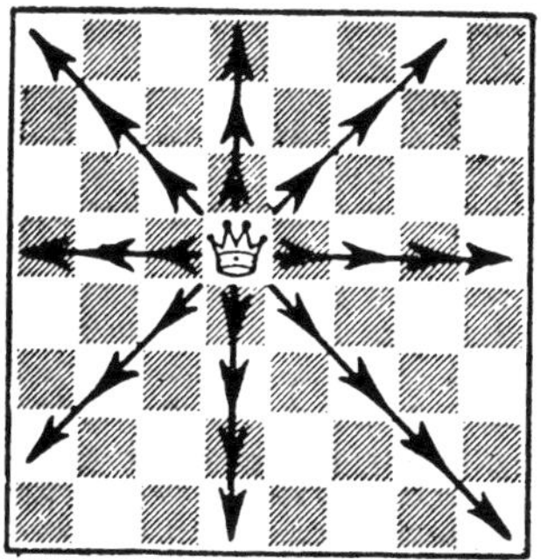

11 *A dama pode mover-se para qualquer das casas assinaladas pelas setas. Ela pode movimentar-se, segundo qualquer das linhas indicadas pelas setas. Naturalmente, só em uma direção de cada vez, dependendo da vontade do jogador e da posição. Ainda sobre isto, passemos ao Diagrama 12, onde todas as casas acessíveis estão designadas pelos respectivos nomes. Rever Diagrama 3.*

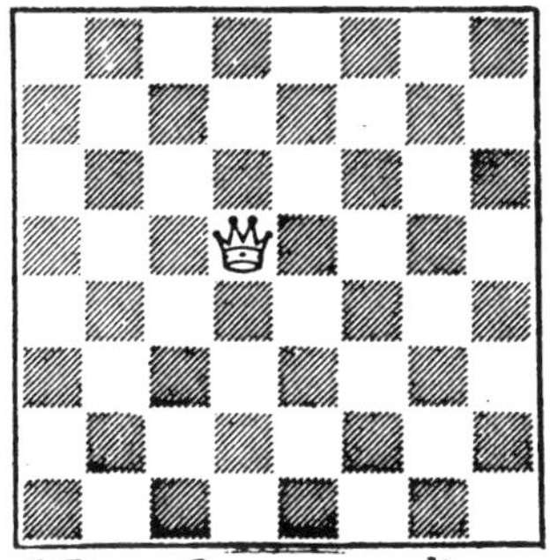

12 *O mesmo diagrama sem as setas. A dama pode mover-se para "leste" sobre a quinta fileira, para 5R, 5BR, 5CR ou 5TR; ou para "oeste", para 5BD, 5CD, 5TD; ou para o "norte" sobre a coluna da dama, para 6D, 7D, 8D; ou para "sul" sobre a coluna da dama, para 4D, 3D, 2D, 1D, Pela diagonal poderá atingir 6BD, 7CD, 8TD ("noroeste"), ou 6R, 7BR, 8TR ("nordeste"); ou 4R, 3BR, 2CR, 1TR ("sudeste"); ou 4BD, 3CD, 2TD ("sudoeste").*

A Dama

A dama é a peça mais poderosa sobre o tabuleiro!

Nos Diagramas 11 e 12, a dama pode escolher 27 possíveis lances! Poderosa como é, a dama tem sua liberdade limitada, como vimos, pela presença de peças amigas ou inimigas.

O Diagrama 13 traduz uma lição objetiva e dramática, mostrando como a mobilidade da dama pode ficar reduzida para um jogador descuidado. Com efeito, as negras estão jogando sem a participação ativa de sua dama. O ensinamento a tirar do Diagrama 13 é que, no início da partida (ver Diagrama 14), é urgente a abertura de linhas para o jogo da dama.

Quanto ao poder capturador da dama (Diagramas 15 e 18), o grande alcance de seus movimentos é o terror dos descuidados!

13 *Enquanto a dama branca dispõe de ampla mobilidade, a negra está completamente cerceada em sua liberdade de ação.*

14 *Na posição inicial, as damas não têm movimento, pois não podem tomar ou saltar sobre suas próprias peças.*

15 *Movendo-se ao longo da quinta fileira, a dama pode capturar a torre.*

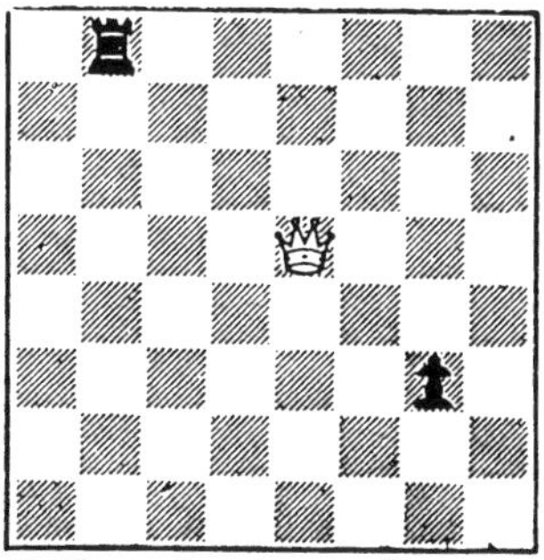

16 *Aqui, as brancas podem jogar indiferentemente DxP ou DxT (movendo-se em diagonal).*

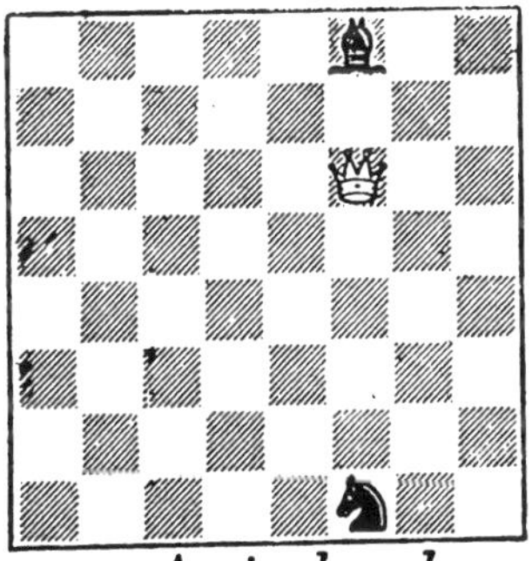

17 *Aqui a dama branca (agora em 6BR) pode capturar o bispo ou o cavalo, executando um movimento segundo a vertical, através da coluna BR. Num sentido em cada lance!*

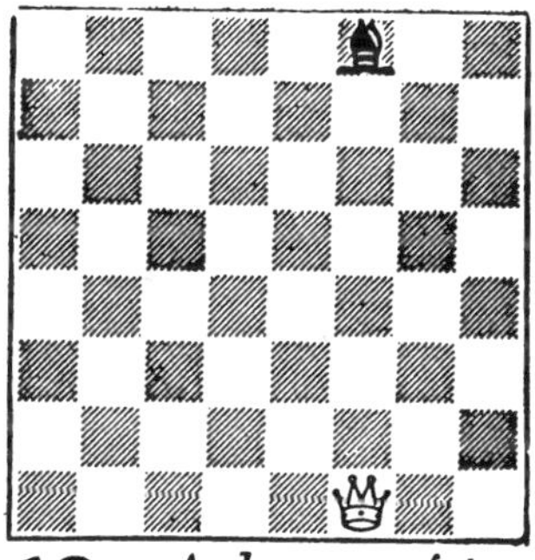

18 *As brancas efetuaram DxC, fazendo um movimento vertical ao longo da coluna BR. Assim vimos os movimentos da dama na horizontal, na vertical e segundo a diagonal.*

A Torre

A TORRE pode mover-se *horizontalmente* (pelas fileiras) e *verticalmente* (pelas colunas) — numa direção em cada lance.

À torre é vedado o movimento segundo as *diagonais* e assim seu poder é inferior ao da dama.

A torre move-se apenas numa direção, de cada vez. Ela não pode deslocar as peças amigas ou saltar sobre elas.

A torre *captura* por remoção (ocupando a casa da peça capturada). Seus lances de captura são iguais aos dos seus movimentos simples, isto é, segundo as *fileiras* e *colunas*.

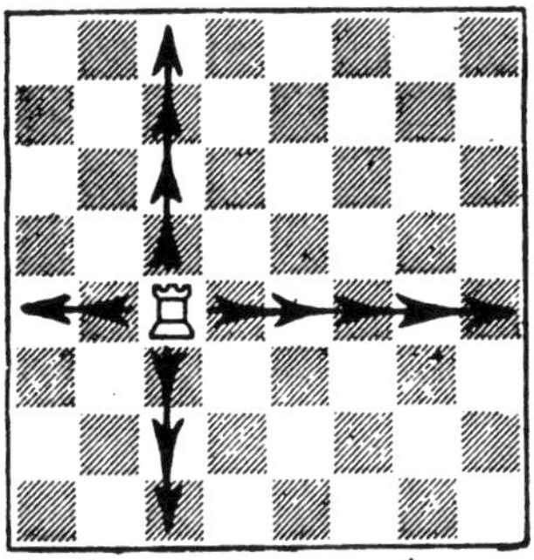

21 *A torre pode mover-se apenas para as casas assinaladas pelas setas. Compare este diagrama com o 11. Verificamos que a torre é incapaz de atingir casas em diagonal, como a dama. A torre dispõe de 14 possíveis lances; a dama de 27!*

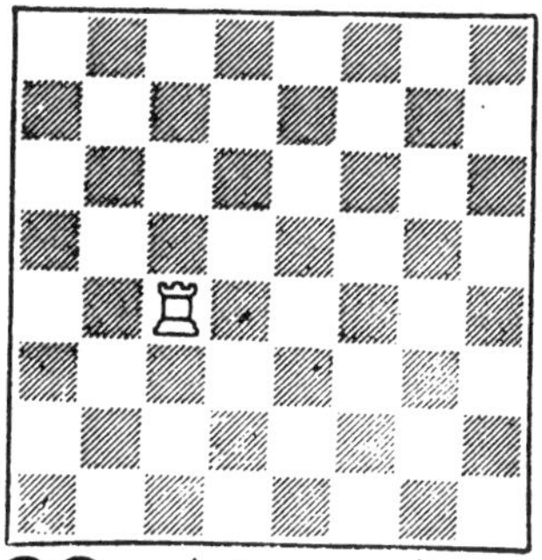

22 *A torre pode mover-se (horizontalmente) para "leste" ao longo da quarta fileira para 4D, 4R, 4BR, 4CR, 4TR; ou para "oeste", pela mesma fileira, para 4CD, 4TD. Segundo a coluna BD, a torre pode moverse (verticalmente) para o "norte" para 5BD, 6BD, 7BD, 8BD ou para o "sul" para 3BD, 2BD, 1BD.*

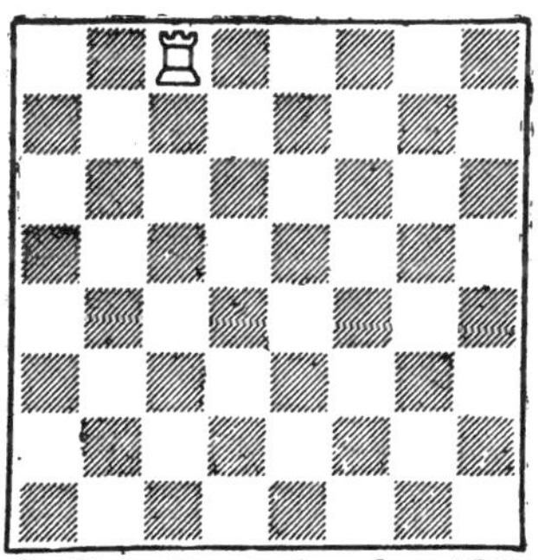

23 *Partindo de 4BD (Diagrama 21) a torre foi jogada para 8BD (lance vertical pela coluna BD).*

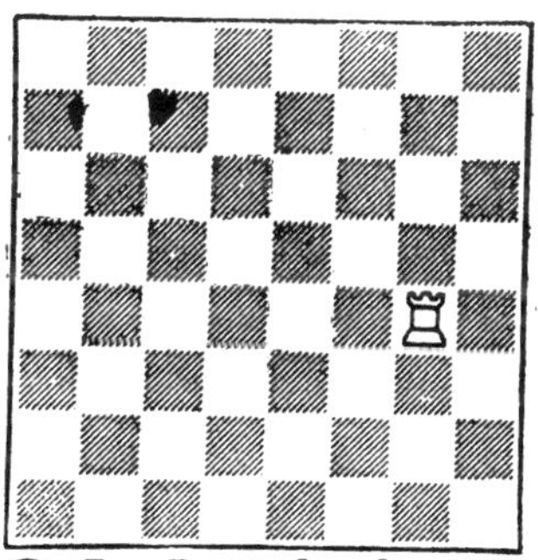

24 *Partindo de 4BD (Diagrama 21) a torre foi jogada para 4CR (lance horizontal pela quarta fileira).*

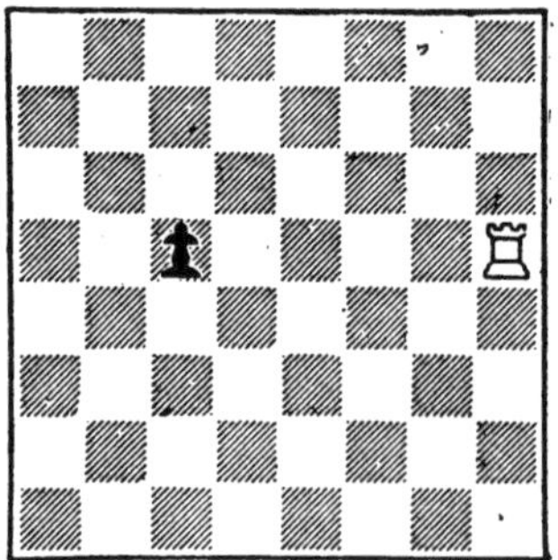

25 *A torre, colocada em 5TR, pode movimentar-se ao longo da fileira e capturar o peão.*

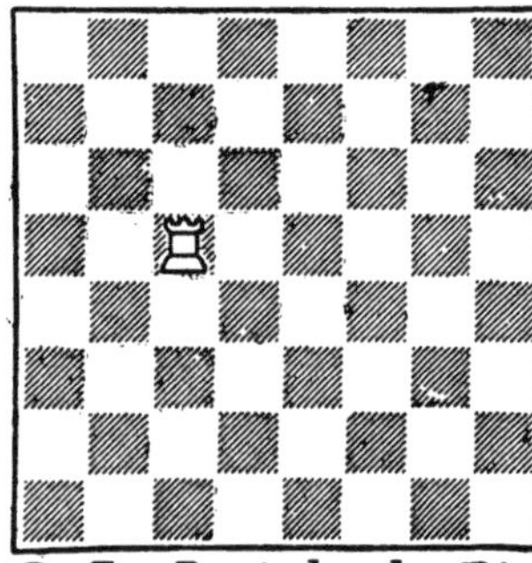

26 *Partindo do Diagrama 25, as brancas jogaram TxP (movendo-se horizontalmente).*

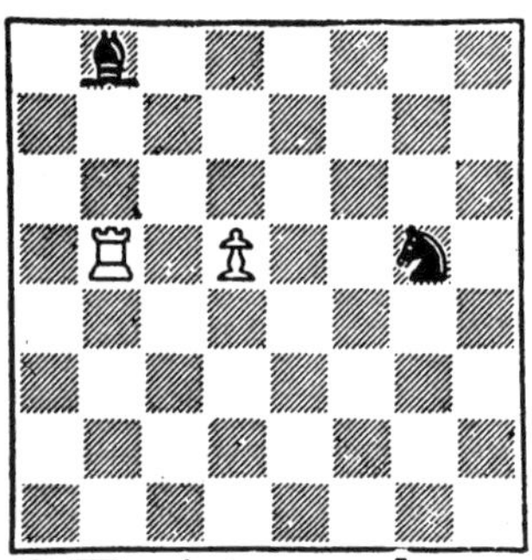

27 *A torre pode capturar o bispo, mas não o cavalo.* O peão não permite.

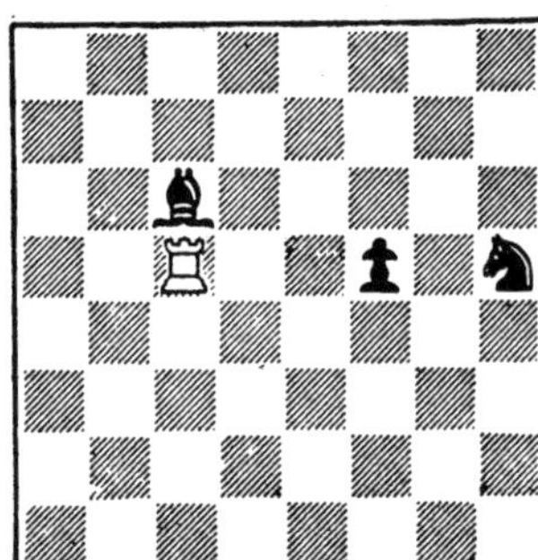

28 *As brancas não podem realizar TxC, mas TxP (horizontalmente) ou TxB (verticalmente).*

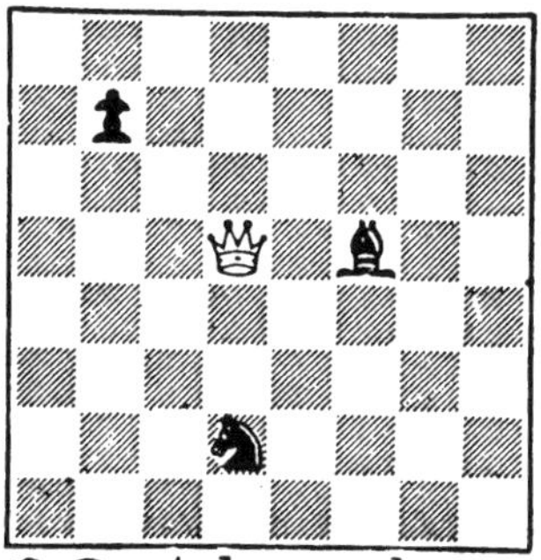

29 *A dama pode jogar DxB (horizontalmente) ou DxC (verticalmente) mas não DxP (pela diagonal).*

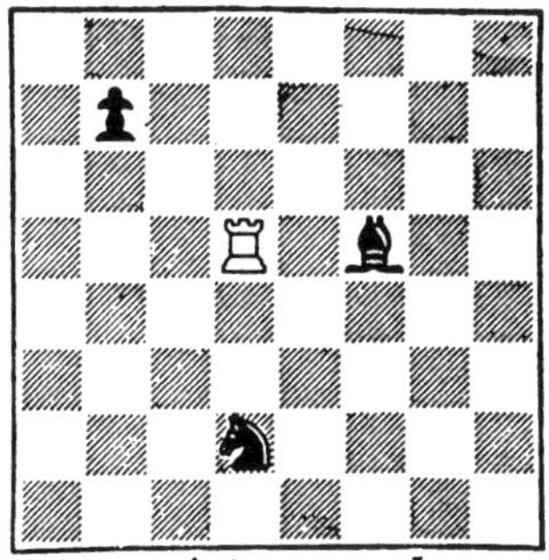

30 *A torre pode realizar TxB (horizontalmente) ou TxC (verticalmente) mas não TxP (pela diagonal).*

O Bispo

Como a dama, o bispo pode mover-se e capturar *pelas diagonais.*

Ao contrário da dama e da torre, o bispo não tem movimento segundo as fileiras e colunas.

Na execução de um lance, o bispo tem sua ação limitada (anteriormente vimos estas limitações em relação ao rei, dama e torre), porque:

Pode mover-se *apenas em um sentido.*

Não pode saltar sobre outras peças, sejam elas amigas ou inimigas. Pode capturar peças inimigas, mas *tomando o respectivo lugar no tabuleiro.* As peças amigas bloqueiam seus movimentos.

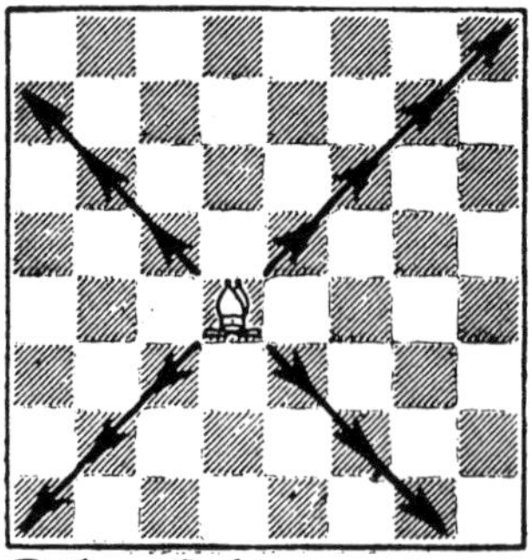

31 *O bispo pode mover-se para qualquer uma das treze casas assinaladas pelas setas. Observe-se que um bispo sempre caminha pelas* casas brancas, *enquanto o seu par, o faz pelas* casas pretas. *Desta maneira, cada bispo tem acesso a 32 casas.*

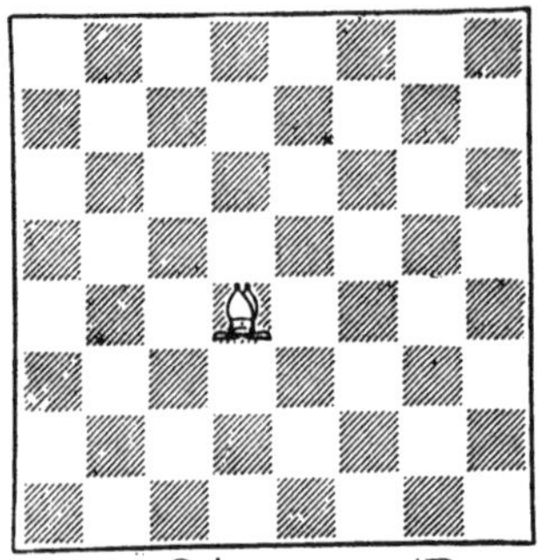

32 *O bispo em 4D pode mover-se para "nordeste": 5R, 6BR, 7CR, 8TR; para "sudeste": 3R, 2BC, 1CR; para "sudoeste": 3BD, 2CD, 1TD; para "noroeste": 5BD, 6CD, 7TD. Naturalmente, todas são* casas pretas.

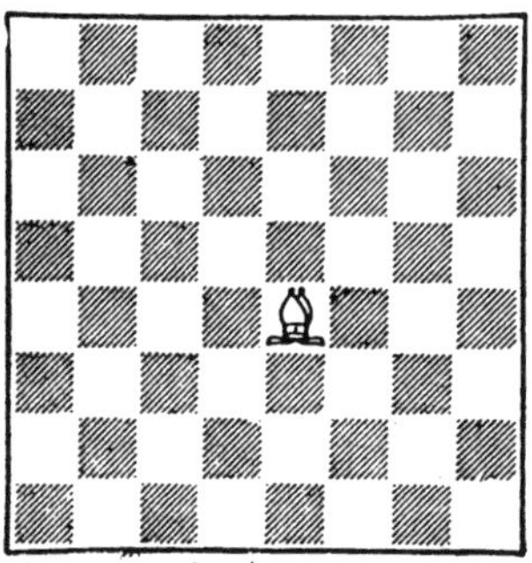

33 *O bispo em 4R corre pelas* casas brancas, *por exemplo: 5BR, 6CR, 7TR; 3BR, 2CR, 1TR; 3D, 2BD, 1TD; 5D, 6BD, 7CD, 8TD. Você será capaz de assinalar todas esta casas? São todas casas brancas.*

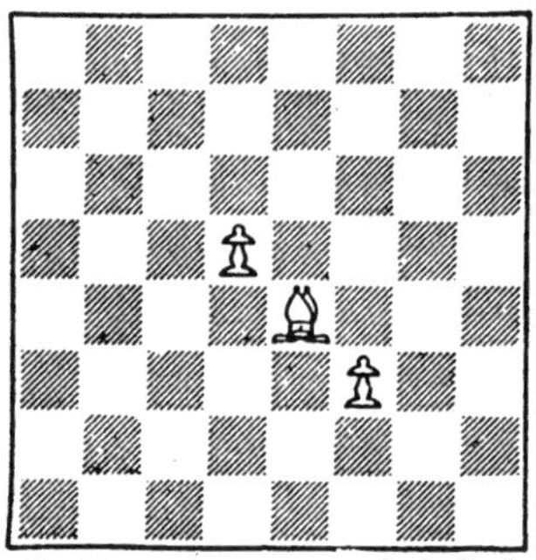

34 *Aqui a mobilidade do bispo está seriamente afetada pela presença dos peões brancos. O bispo tem acesso apenas às casas 5BR, 6CR, 7TR, ou 3D, 2BD e 1CD. Para "sudeste" e "noroeste" os movimentos estão interditados.*

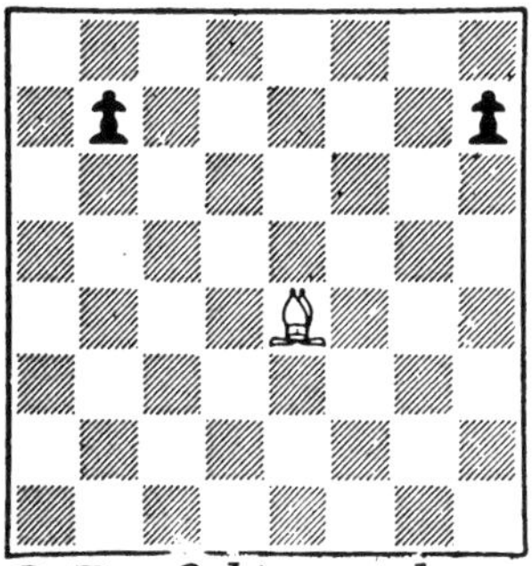

35 *O bispo pode mover-se para "nordeste" e capturar o PTR; ou para "noroeste" e capturar o PCD.*

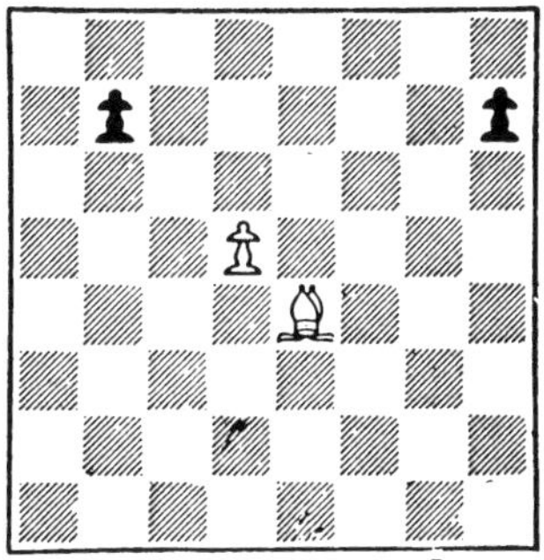

36 *Outra vez o bispo está em 4R. Ele pode ainda movimentar-se para "nordeste" e capturar o PTR; mas não pode tomar o PCD. Por quê?*

37 *Se o lance tocar às brancas, elas podem jogar BxD. Se tocar às negras, poderiam realizar . . . DxB.*

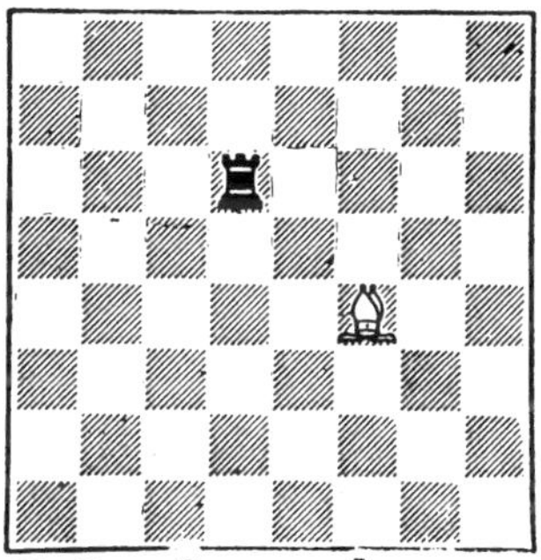

38 *Com o lance, as brancas podem efetuar BxT. As negras com o lance,* não podem *. . . TxB.*

Obs. – Os três pontos antes da designação do lance indicam que o mesmo foi realizado pelas negras.

Como revisão, voltemos ao Diagrama 2. Na posição inicial, os bispos estão na primeira fileira. O bispo ao lado do rei está em 1BR. O bispo ao lado da dama, está em 1BD.

O bispo próximo ao rei é sempre o *bispo-rei*. O bispo ao lado da dama também é sempre o *bispo-dama*.

Vimos, pelo Diagrama 31, que cada bispo cobre 32 casas, isto é, tem acesso à metade do tabuleiro, porém é incapaz de poder atingir todo o tabuleiro. Se por um lado, isto traduz certa fraqueza, por outro lado, acentua a vantagem do par de bispos. Juntos, os bispos cobrem todo o tabuleiro, em suas 64 casas. Por esse motivo, jogadores experimentados despendem os maiores esforços para conservar o par de bispos, evitando a simples troca ou captura de um deles.

Jogadores há que, para preservarem suas peças favoritas, enredam-se nas maiores complicações no decurso das partidas!

O Cavalo

O CAVALO pode ser descrito como o vilão, o brincalhão prático, a peça má ou a arma secreta do tabuleiro. O cavalo parece gostar de realizar coisas diferentes, infringindo regras que são taxativas para as outras peças.

Por exemplo, nenhuma outra peça, no jogo do xadrez, possui a faculdade de saltar sobre outras. O cavalo, porém, *salta sobre as demais peças, sejam amigas ou inimigas.*

De um modo geral, as peças, no xadrez, realizam lances que acompanham as dimensões do tabuleiro (movimentos horizontais, verticais ou segundo as diagonais). O movimento do cavalo não apresenta qualquer relação com esses lances.

A dama, a torre e o bispo efetuam lances de alcance variável, que dependem das casas desimpedidas na direção escolhida. Assim, se um bispo se encontra numa diagonal com sete casas vazias à sua frente, ele pode caminhar, uma, duas, três, quatro, cinco, seis ou sete casas, dependendo da vontade do jogador ou do seu plano. Os movimentos do cavalo, ao contrário, *são sempre da mesma extensão.*

"O velho um-dois" é a expressão que melhor exprime o movimento do cavalo. Todo lance do cavalo é uma combinação de uma e duas casas:

(a) uma casa "norte" ou "sul" e duas casas "leste" ou "oeste".

(b) uma casa "leste" ou "oeste" e duas casas "norte" ou "sul".

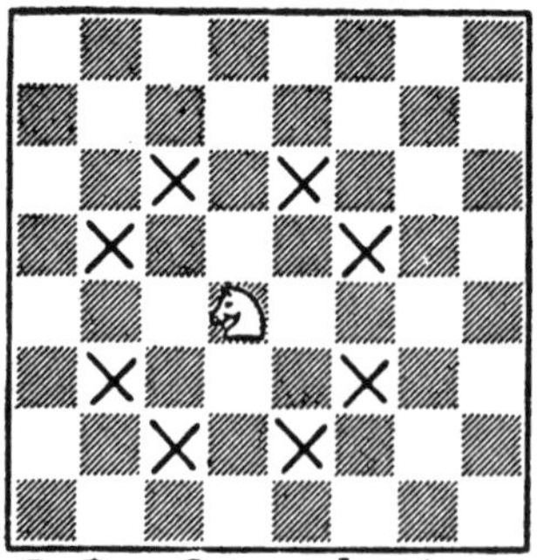

39 *O cavalo (agora em 4D) pode mover-se para 6R, 6BD, 5CD, 3CD, 2BD, 2R, 3BR, 5BR. Existirá alguma "rima ou razão" nesses possíveis movimentos? Note que tais movimentos têm semelhança com a letra "L".*

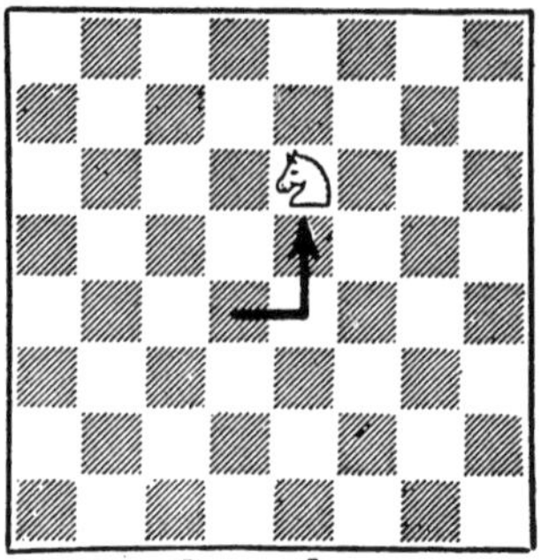

40 *O cavalo, que estava em 4D, moveu-se para 6R. Andou uma casa para "leste" e duas para "norte". Esta combinação de uma e duas casas forma um "L" maiúsculo.*

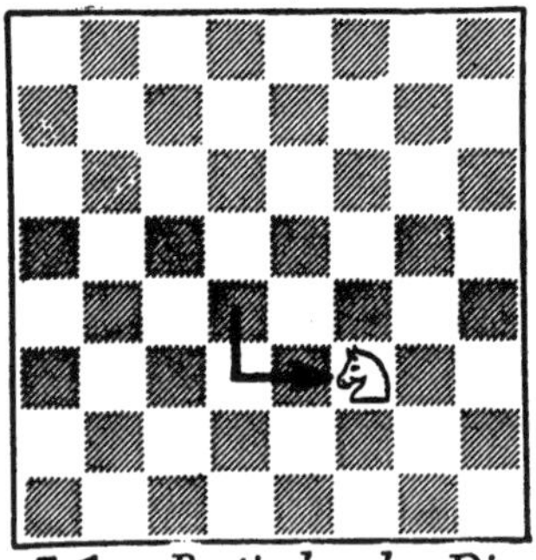

41 *Partindo do Diagrama 39, o cavalo moveu-se de 4D para 3BR: uma casa "sul" e duas casas "leste".*

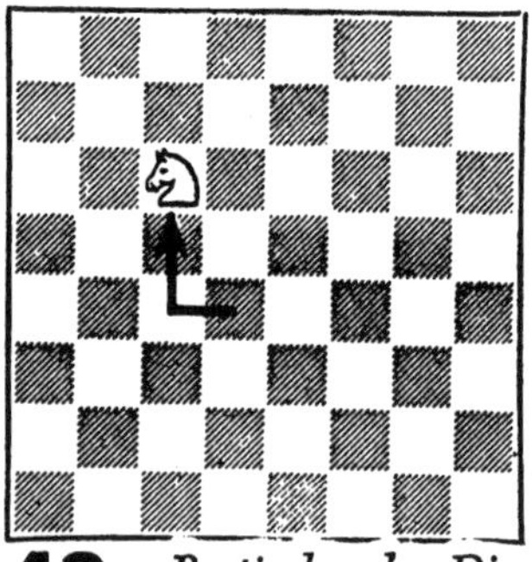

42 *Partindo do Diagrama 39, o cavalo moveu-se de 4D para 6BD: uma casa "oeste" e duas "norte".*

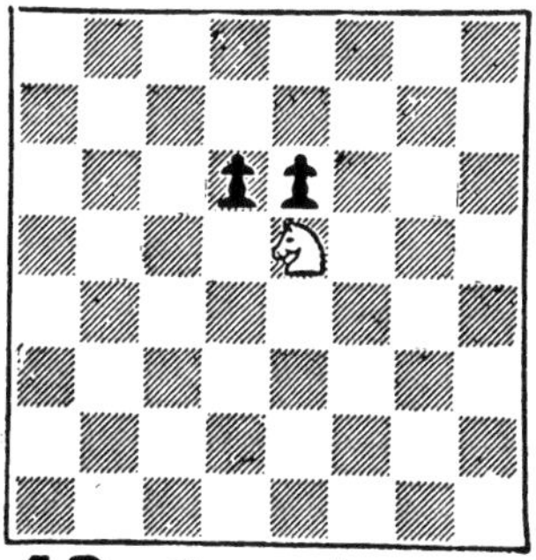

43 *O cavalo, agora em 5R, não pode tomar nenhum dos peões negros.*

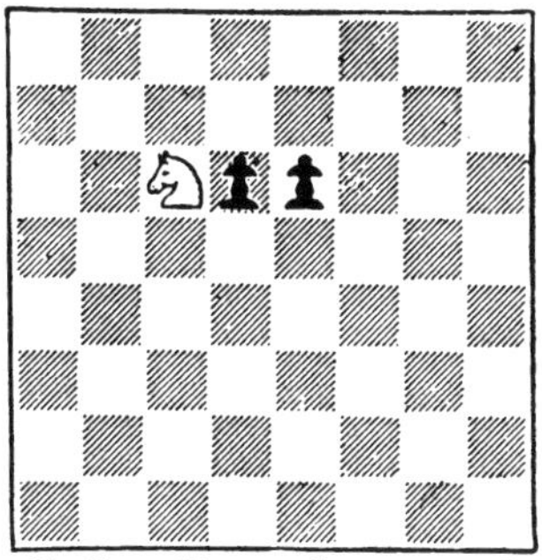

44 *O cavalo, contudo, pode saltar desdenhosamente por sobre os peões negros e ocupar a casa 6BD.*

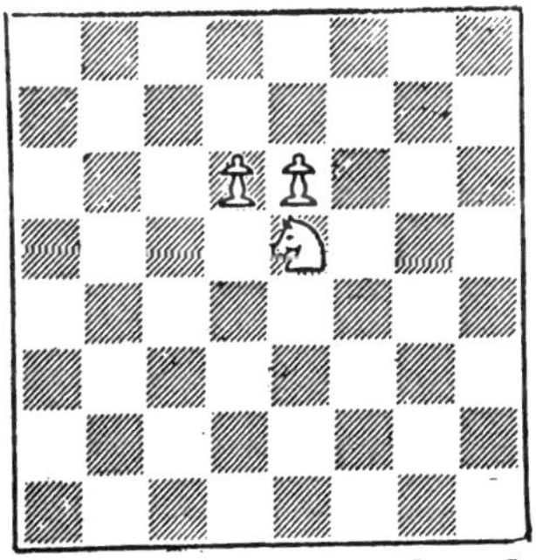

45 *Aqui o cavalo salta por sobre os peões amigos em busca da casa 6BD.*

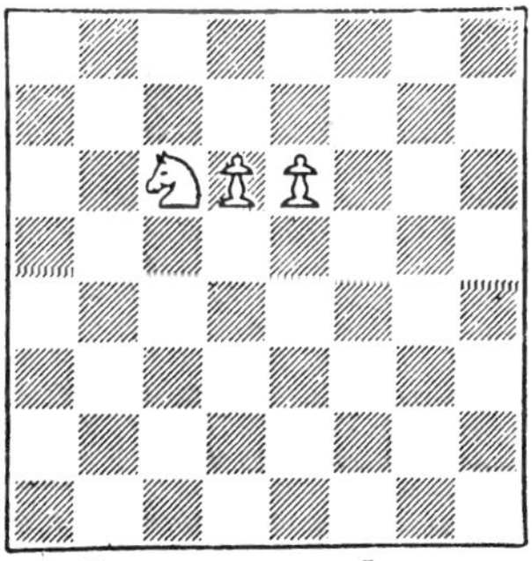

46 *Veja o diagrama anterior. O cavalo agora salta por sobre amigos e inimigos.*

47 *O cavalo, agora em 3D, pode capturar o bispo.*

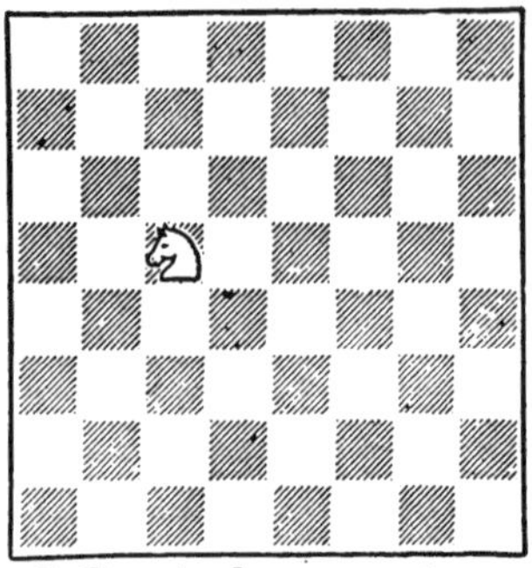

48 *As brancas efetuaram CxB; o cavalo está em 5BD.*

49 *O cavalo (agora em 4 B D) pode capturar um peão — qual deles?*

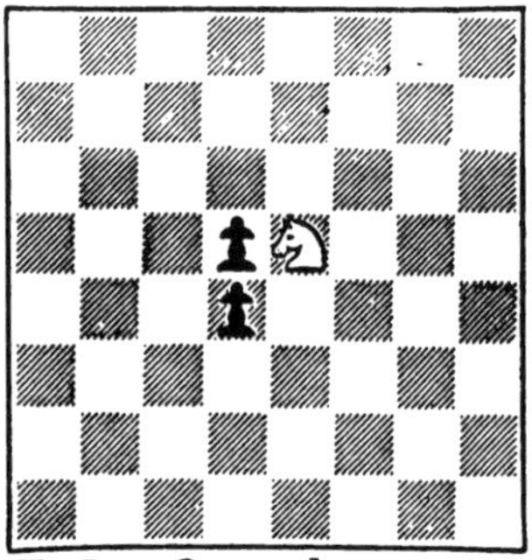

50 *O cavalo capturou o PR — a única captura possível.*

Estudando os Diagramas 43-50, vemos que o cavalo pode saltar por sobre peças amigas e inimigas; mas a captura só se concretiza sobre a peça que se encontra em sua casa *terminal* (do movimento). Assim verificamos que, embora o seu movimento englobe três casas, *o cavalo só pode capturar uma peça no final do seu movimento.*

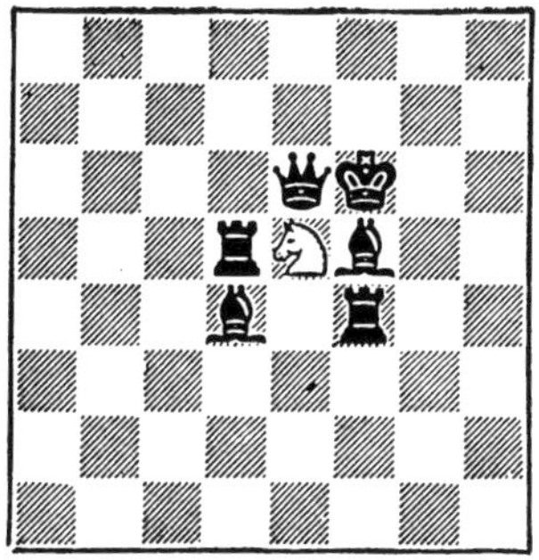

51 *Aqui o cavalo pode saltar por sobre qualquer das peças negras, mas não pode capturar nenhuma delas.*

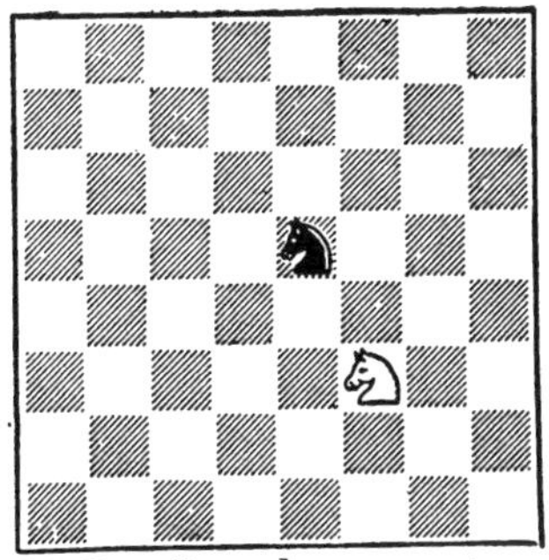

52 *Se o lance pertencer às brancas, o cavalo negro poderá ser capturado. Se o lance couber às negras, elas podem efetuar ... CxC.*

53 *As demais peças, capturam o cavalo em sua forma normal.*

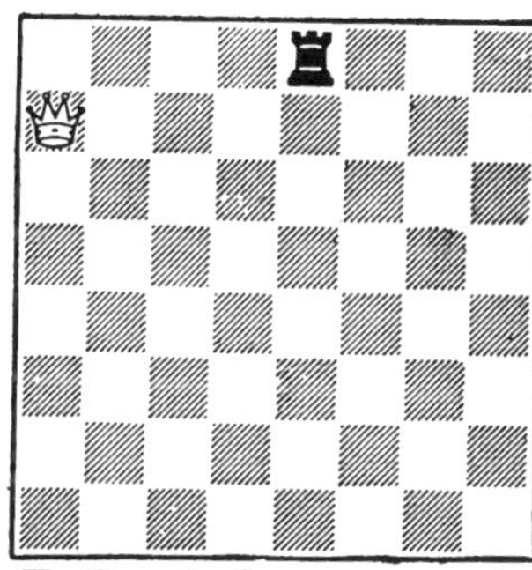

54 *A dama, que estava em 3R, efetuou DxC. (Também era possível DxT.)*

Encerrando o estudo sobre o cavalo: no início da partida (ver Diagrama 2) o cavalo-rei está colocado em 1CR, entre a torre-rei e o bispo-rei. O cavalo-dama está colocado entre a torre-dama e o bispo-dama.

O Peão

O PEÃO apresenta certas peculiaridades interessantes em relação às outras peças.

O peão, por exemplo, pode mover-se ùnicamente em uma direção: *para a frente.*

O peão é a única peça que captura de maneira diferente daquela com que ele se locomove.

Há ainda muitas peculiaridades do peão, que trataremos adiante.

Refrescando a memória pelo estudo do diagrama anterior, recordamos que na *posição inicial da abertura,* todos os peões brancos ocupam a segunda fileira das brancas; e todos os peões negros, se encontram dispostos sobre a segunda fileira das negras.

Os peões brancos *sempre* se movem no sentido "norte", enquanto os negros realizam seus movimentos sempre na direção "sul".

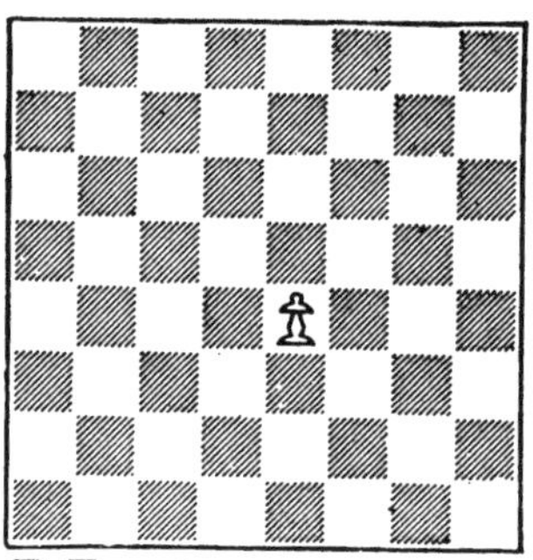

55 *O peão avança uma casa em cada lance.*

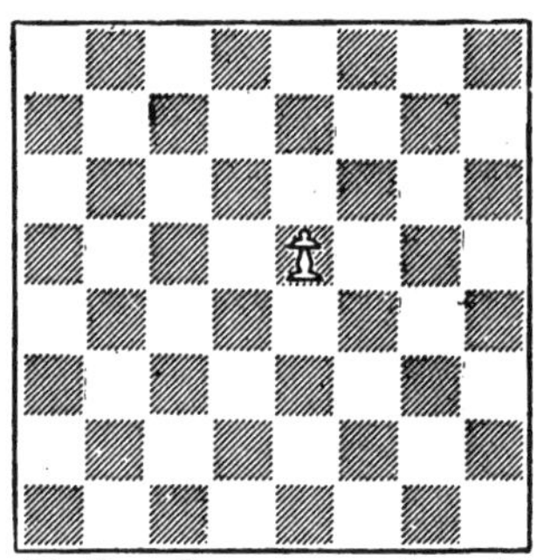

56 *O peão de 4R avançou para 5R.*

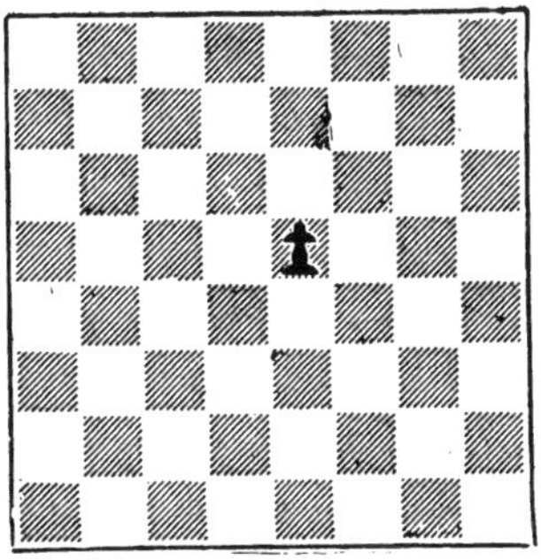

57 *Os peões negros movem-se para o sul. Avança o peão negro de 4R.*

58 *O peão negro, movendo-se para o sul, efetuou o lance P5R.*

Em seu primeiro lance e em qualquer altura da partida, o peão tem direito a avançar *duas casas duma só vez,* ou *somente uma casa,* se assim o preferir seu condutor. Nos *lances subseqüentes,* o peão só poderá avançar uma casa de cada vez.

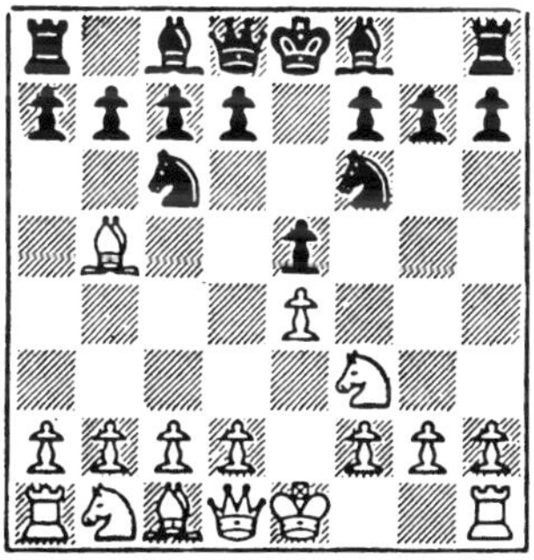

59 *As brancas desejam movimentar seu PD. Decidem avançar apenas* uma *casa.*

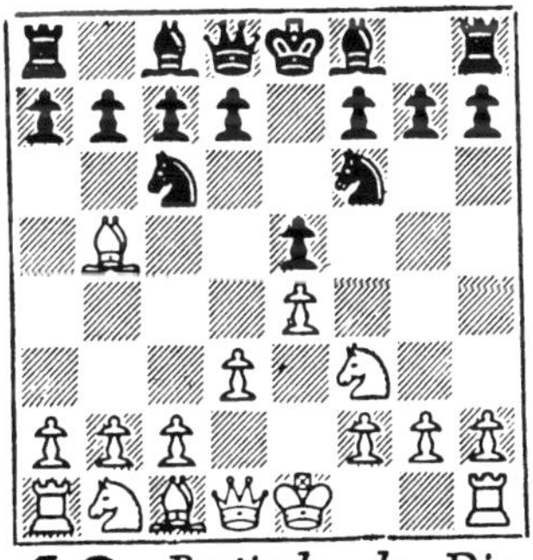

60 *Partindo do Diagrama 59, as brancas avançaram seu peão-dama, uma casa (P3D).*

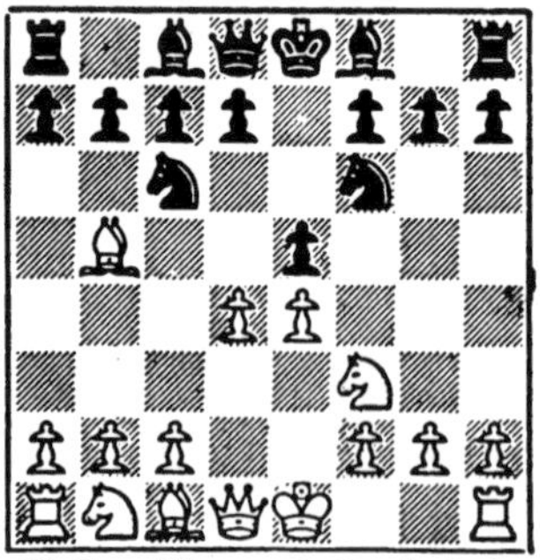

61 *Na posição do Diagrama 59, as brancas decidiram avançar seu peão-dama, duas casas (P4D). Eis o resultado.*

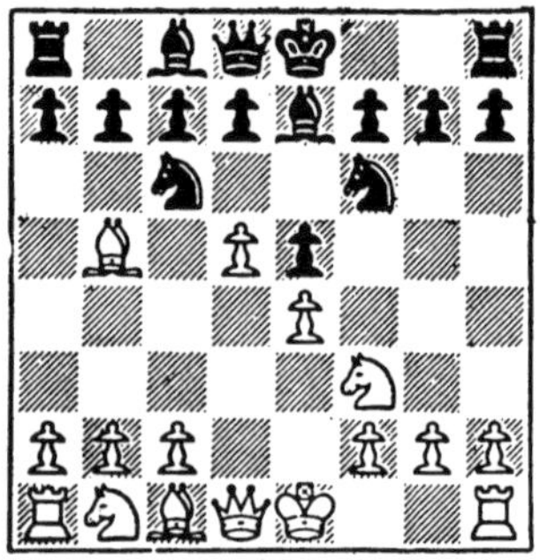

62 *As brancas decidiram jogar seu peão-dama outra vez.* Agora só podem movê-lo uma casa. *Eis o resultado do lance (P5D).*

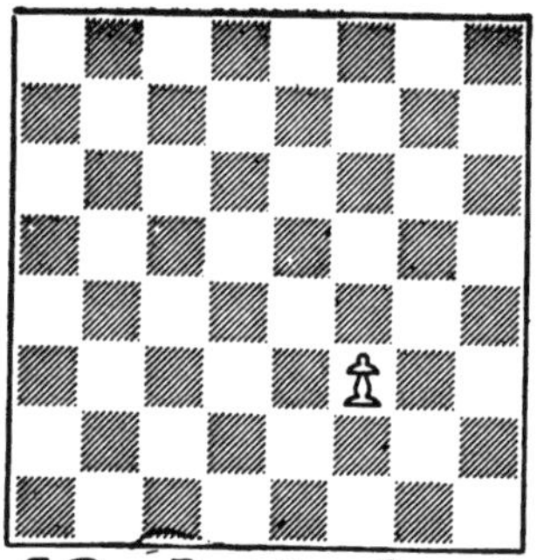

63 *Revisão: O peão branco está na terceira fileira; em conseqüência realizou seu primeiro movimento. Agora poderá avançar apenas uma casa.*

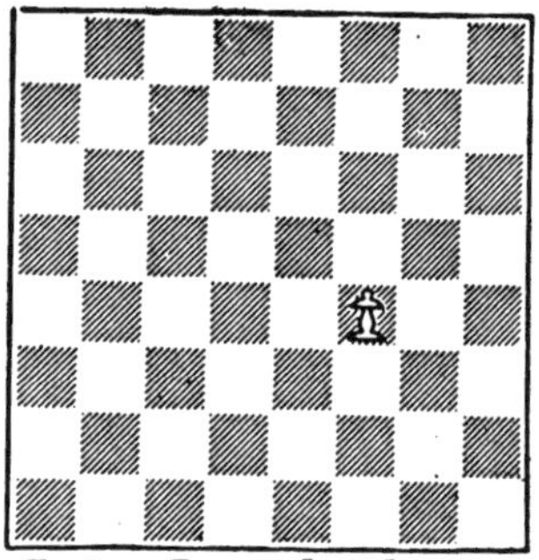

64 *Partindo do Diagrama 63, o peão-bispo-rei moveu-se para o norte. Isto seria traduzido assim: P4BR.*

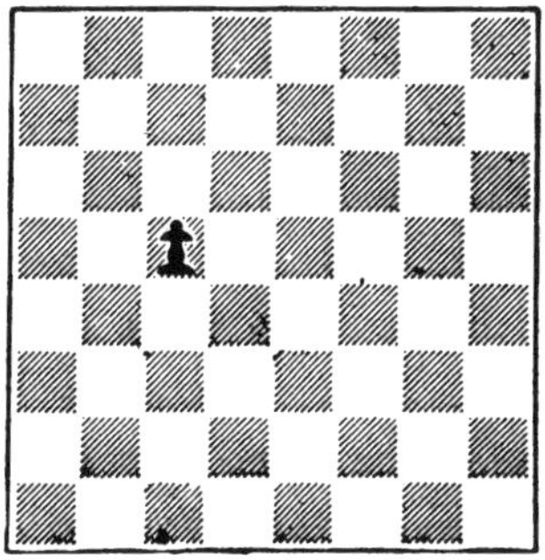

65 *Ainda para rever: O peão negro está na sua quarta fileira.* * *Somente poderá avançar uma casa.*

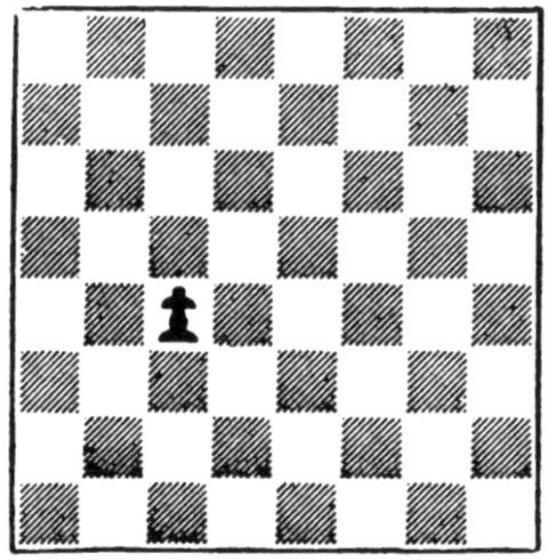

66 *Partindo do Diagrama 65, as negras moveram-se para o sul. Este lance foi ... P5BD.* *

Veremos agora como o peão captura. Já sabemos que o peão move-se no sentido vertical ao longo das colunas. Mas para tomar outras peças, ele atua segundo as *diagonais,* isto é, sobre uma das *casas adjacentes à da frente,* não diretamente naquela diante dele.

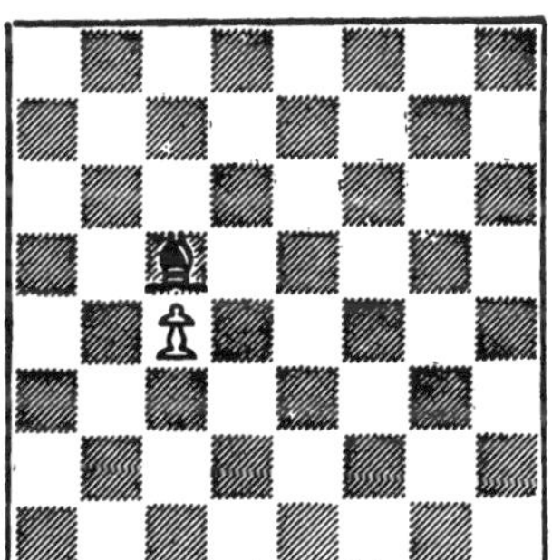

67 *O peão não pode mover-se e nem capturar o bispo.*

68 *Nenhum dos peões pode avançar ou capturar o outro. Um peão bloqueia o outro.*

---

* É preciso não esquecer que as fileiras (e lances) das negras são contadas a partir do *seu* lado do tabuleiro. Assim, a

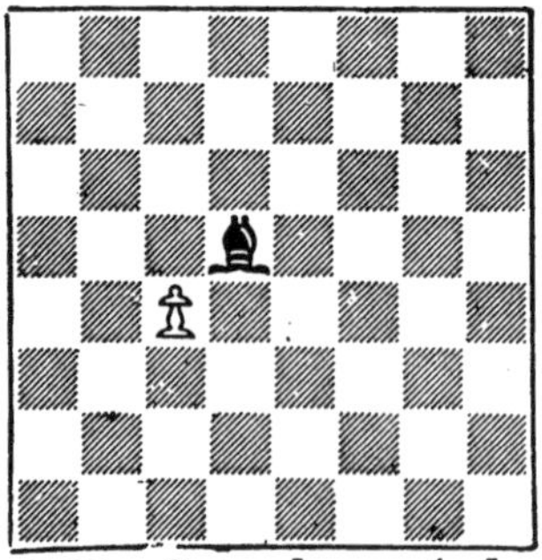

69 *Se o lance é das brancas podem efetuar PxB.*

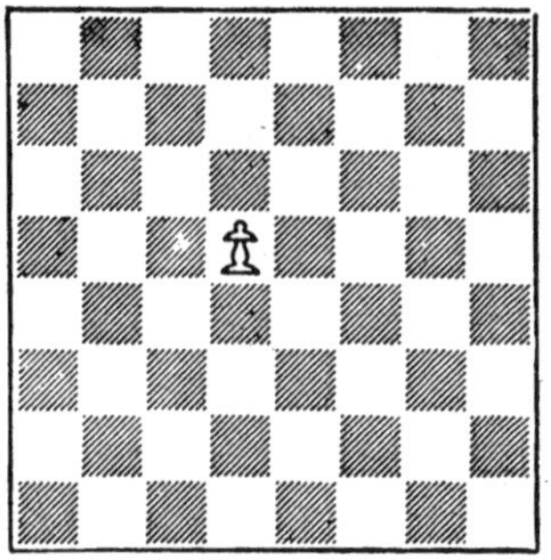

70 *Esta é a posição resultante de PxB.*

Explicando de outra maneira: O peão *movimenta-se* como uma torre em miniatura e *captura* como um bispo em miniatura!

Ou ainda: Os peões brancos avançam para o norte e capturam para o nordeste ou noroeste. Os peões negros avançam para o sul e capturam para sudeste ou sudoeste.

A fotografia que se segue, ilustra perfeitamente a forma de capturar do peão. As brancas com o lance, podem escolher entre PxC e P x T.

---

quarta fileira das brancas é a *quinta* para as negras. Mais sobre o assunto às páginas 46-47. *Ver ainda os Diagramas* 57-58.

O Peão Branco Pode Capturar a Torre ou o Cavalo

COMO GANHAR

Recordemos: Ganha-se uma partida de xadr atacando o rei adversário de tal forma qu seja qual for o lance do contendor, seu rei nã poderá evitar a captura.

Quando o rei está atacado, diz-se que ele encontra em xeque.

Quando o ataque leva compulsoriamente tomada do rei, diz-se que ele recebeu *xequ mate:* a partida termina.

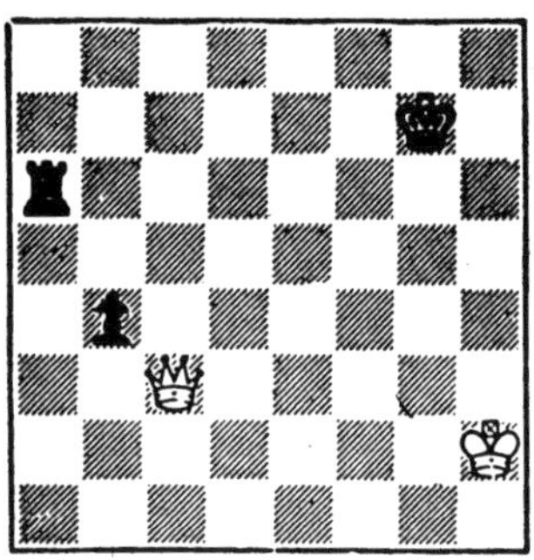

71 *A dama branca ataca o rei das negras; como livrá-lo do xeque?*

72 *O peão negro cap turou a dama; rei negro deixou de esta sob xeque.*

73 *Aqui as negras moveram seu rei, retirando-o de sob o xeque.*

74 *Aqui as negras "interpuseram" sua torre. Seu rei está livre do xeque.*

Assim, verificamos que existem três maneiras para escapar do xeque:

Capturando a peça atacante (Diagrama 72). Movendo o rei, livrando-o do xeque (Diagrama 73). Interpondo uma peça entre o rei e a atacante (Diagrama 74).

Mas, e se nenhum desses recursos puder ser utilizado? Nesse caso, concretiza-se o xeque-mate.

Xeque - Mate

ANTES de prosseguirmos, devemos fixar duas importantes coisas, relacionadas com as posições de xeque-mate:

(1) O rei jamais deve ser tomado. Se for apanhado, sem qualquer possibilidade de escapar do xeque, a partida estará terminada.

(2) O rei não pode mover-se para uma casa que se encontre sob xeque.

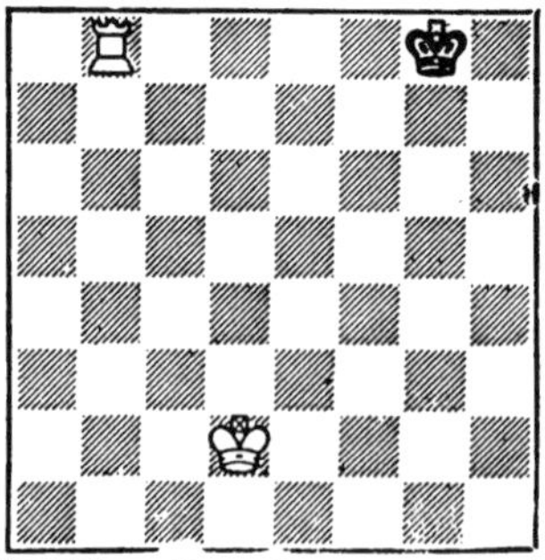

75 *O rei negro está em xeque (ataque horizontal da torre branca). As negras não podem jogar ... R1T ou ... R1B, pois seu rei continuaria em xeque.*

76 *As negras jogaram ... R2T e escaparam do xeque. ... R2C ou ... R2B naturalmente não serviriam. Compare o diagrama com o 77.*

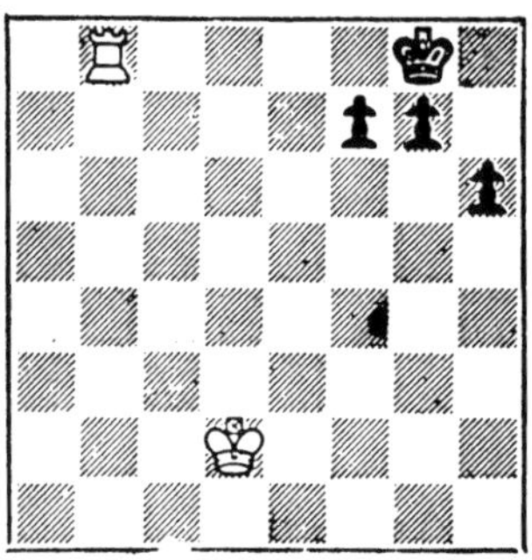

77 *Para escapar ao xeque, resta ao rei negro apenas um lance. Pode você dizer qual seja?*

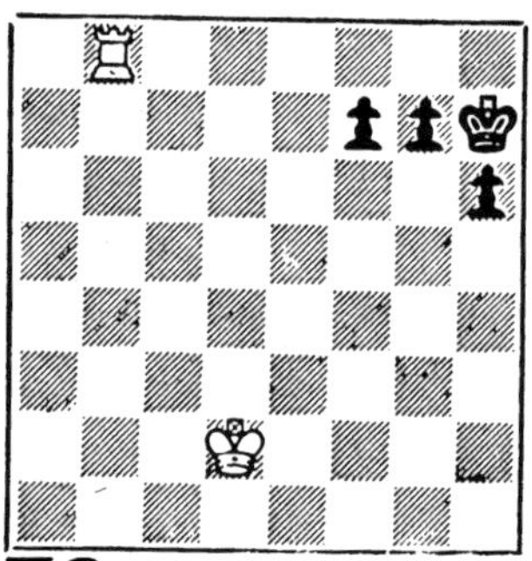

78 *... R2T era o único lance (... R1T ou ... R1B deixariam ainda o rei sob xeque).*

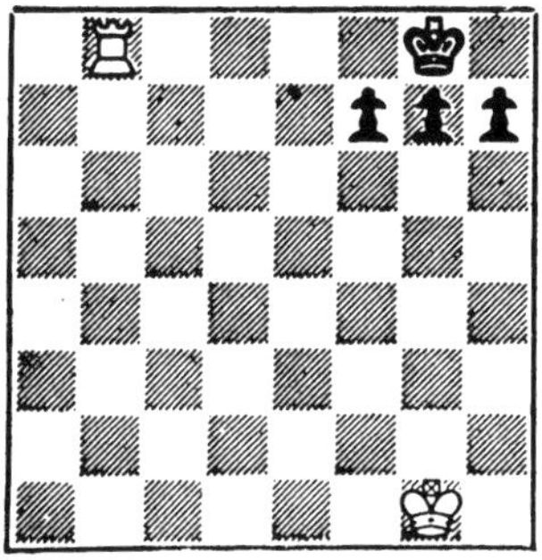

79 *Outra vez o rei negro está em xeque, mas desta vez não há escapatória. (No caso de ... R1B ou ... R1T o rei continuaria em xeque). Portanto, xeque-mate! Este tipo de mate é muito comum.*

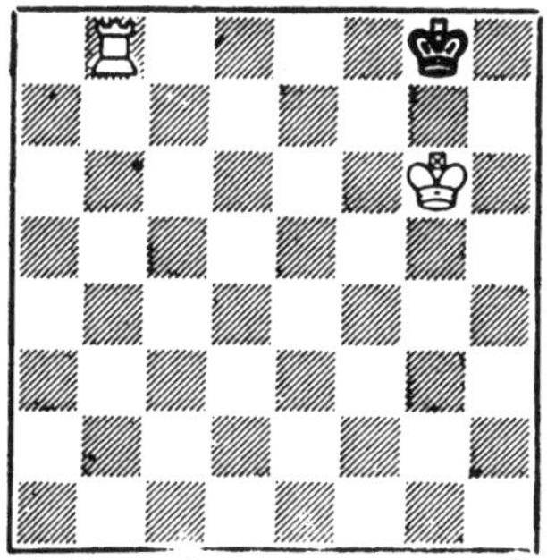

80 *Outro exemplo de xeque-mate ... R1T ou ... R1B não são possíveis; enquanto ... R2T, ... R2C ou ... R2B tornam-se impraticáveis porque é o rei branco que* comanda aquelas casas. *

Normalmente, as partidas são decididas pelo xeque-mate. Contudo, um jogador pode render-se (*abandonar,* é o termo mais adotado), muito antes do xeque-mate se concretizar. Por quê?

Verificamos pelos Diagramas 80 e 81 que, rei e torre, ou rei e dama podem dar mate. Conseqüentemente, quando chegamos a uma posição com torre ou dama de vantagem, o nosso oponente poderá abandonar, escapando assim do mate inevitável.

Geralmente, o jogador que consegue semelhante vantagem, passa a buscar a troca das demais peças (isto é, capturas recíprocas), sim-

* Lembre-se que um rei não pode expor-se ao ataque das peças inimigas. No caso, o rei negro não pode mover-se para casas comandadas pelo rei branco.

plificando ao máximo a posição, para dar o xeque-mate.

Em muitas partidas, contudo, torna-se possível investir o rei adversário, ainda num estágio mais cedo, por meio de um ataque concentrado das peças.

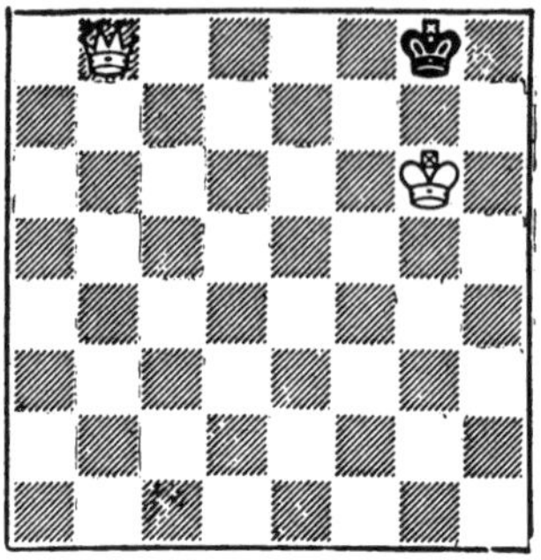

81 *Xeque-mate. A dada domina toda a fileira repetindo o papel da torre. Aprendemos agora mais o seguinte: o rei não pode capturar uma peça inimiga, se deste modo expõe-se a ser também capturado.*

82 *Eis o método do mate na situação aludida. O rei não pode ir a ... R1T ou ... R1B porque, estão sob o comando da dama. RxD, não é possível, porque o rei das negras seria tomado pelo rei branco. ... R2B e ... R2T também não são praticáveis. Por quê?*

Nesta altura, devemos guardar as seguintes idéias:

(1) A vitória é obtida por intermédio do xeque-mate. (Ver páginas 91 a 98 para exemplos de xeques-mate elementares.)

(2) Uma superioridade material acentuada também pode obrigar o oponente a abandonar a partida.

VALORES DAS PEÇAS

Vimos que a dama é a peça mais forte do xadrez. Em seguida vem a torre e depois o bispo.

Que podemos dizer sobre o cavalo? Seu movimento é de pequeno alcance, não pode ser comparado em raio de ação com o bispo; mas enquanto o bispo cobre apenas 32 casas do tabuleiro, o cavalo tem acesso a todas elas.*

A experiência nos revela que o bispo e o cavalo têm aproximadamente o mesmo valor.

O peão é a peça mais fraca do tabuleiro, como resultado dos seus limitados avanços. (Com o correr da partida porém, descobrimos que o peão obtém considerável valor!)

Não podemos medir o valor do rei, que é infinito.

O seguinte quadro de valores é comumente aceito:

---

* Se o cavalo ocupa uma casa branca, seu próximo lance o levará para uma casa preta e vice-versa. Experimente o seguinte: ponha um cavalo em 1CR (casa preta). Jogue-o para 3BR (casa branca) e depois para 5R (casa preta) etc.

Dama	♛	9 pontos*
Torre	♜	5 ”
Bispo	♝	3 ”
Cavalo	♞	3 ”
Peão	♟	1 ”

Na prática atual, a maioria das partidas é decidida pela superioridade de forças. Por esta razão, é essencial manter a igualdade material.

O valor do quadro acima é apenas aparente. Mostra, por exemplo, que podemos deixar um cavalo por um bispo (ou vice-versa). Trocar a dama por um peão seria, contudo, um erro crasso, salvo em casos especiais (tal como para dar xeque-mate).

Igualmente, abandonar uma torre por um bispo não seria recomendável, salvo se for possível obter alguns peões que tornem a troca vantajosa.

* Temos visto atribuir 10 pontos à dama. (N. do T.)

ANOTAÇÃO

PRETAS

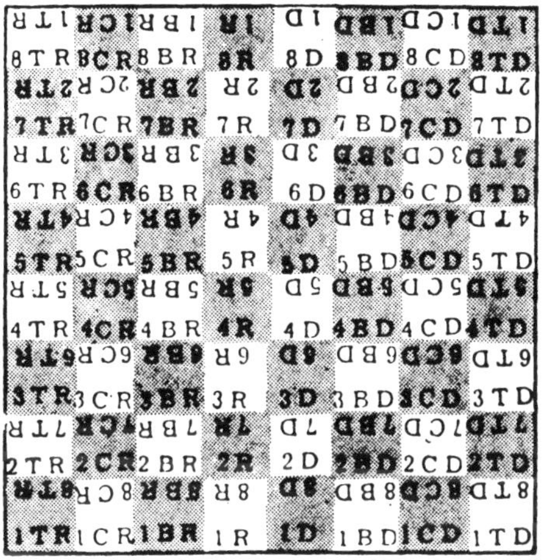

BRANCAS

PARA que possamos acompanhar partidas, devemos nos familiarizar com a anotação enxadrística — a arte de registrar os lances.

Já aprendemos perfeitamente alguma coisa sobre a anotação enxadrística mas não da forma prescrita. Sabemos, por exemplo, como as peças são designadas tendo em vista as casas que ocupam na posição inicial das partidas. No quadro acima, todas as casas estão perfeitamente designadas.

Cada peão assume o nome da peça ante a qual permanece no começo da partida, como seja, peão do rei, peão da dama, peão do bispo etc. (Convém lembrar, entretanto, que um peão muda sua denominação cada vez que captura!)

Para uma rápida revisão das colunas e fileiras, vejamos os dois seguintes diagramas:

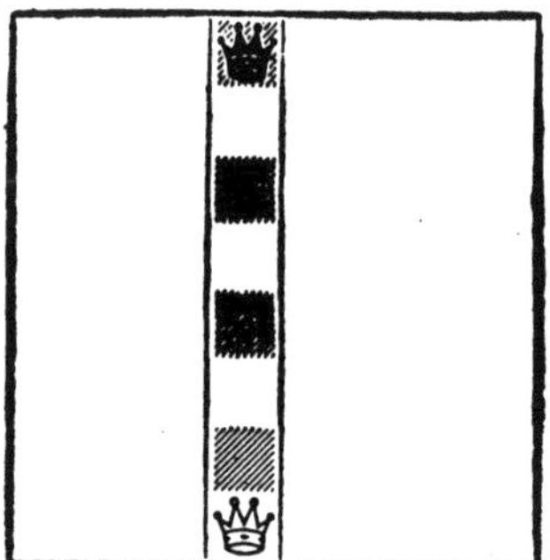

83 *A coluna dama.*

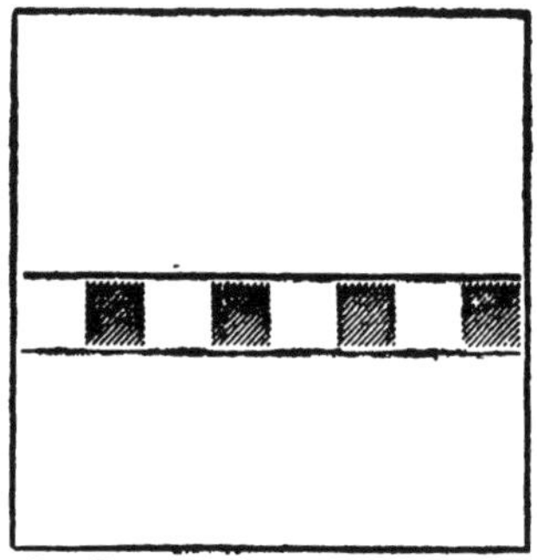

84 *Uma fileira.*

Com relação às fileiras, nós já sabemos que cada jogador as numera partindo do seu lado do tabuleiro:

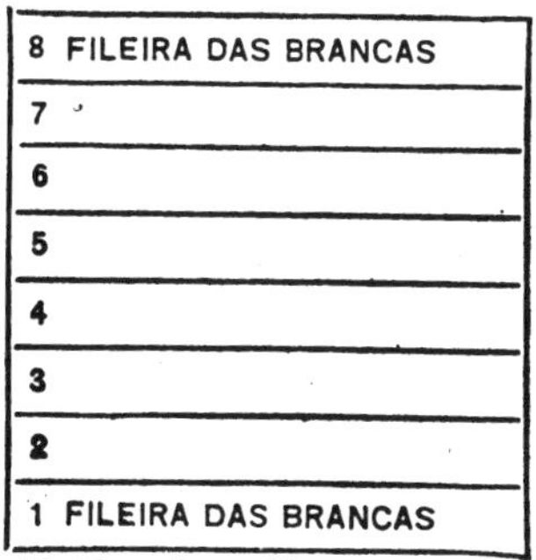

85 As fileiras estão numeradas tendo como base o lado das brancas.

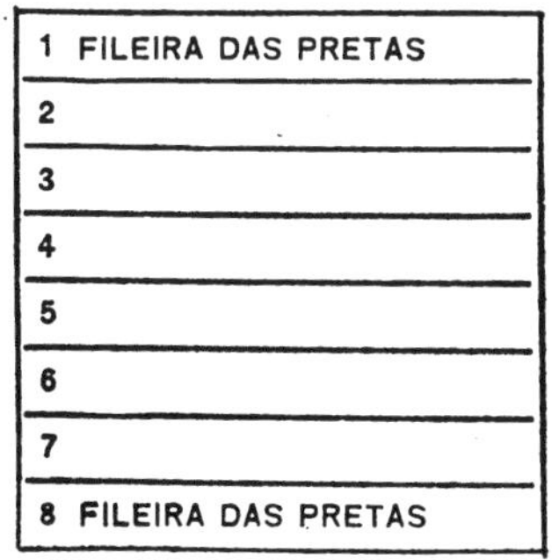

86 As fileiras estão numeradas tendo como base o lado das negras.

87 As oito fileiras (têm os mesmos nomes para as brancas e negras).

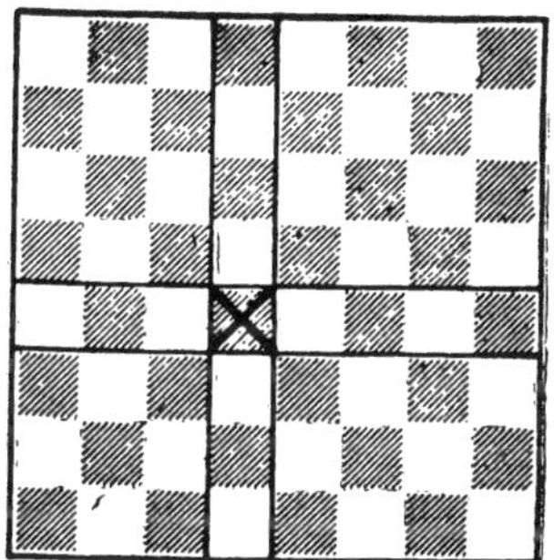

88 *A casa assinalada é 4D para os lances das brancas e 5D para os das negras.*

Nesta altura, estamos em condições de ver alguns "Lances de Xadrez" (partidas apresentadas em estilo de diagrama) que nos proporcionarão maior experiência para a leitura da anotação enxadrística e nos mostrarão alguns expressivos exemplos de xeque-mate.*

Partida 1 : Abertura do bispo

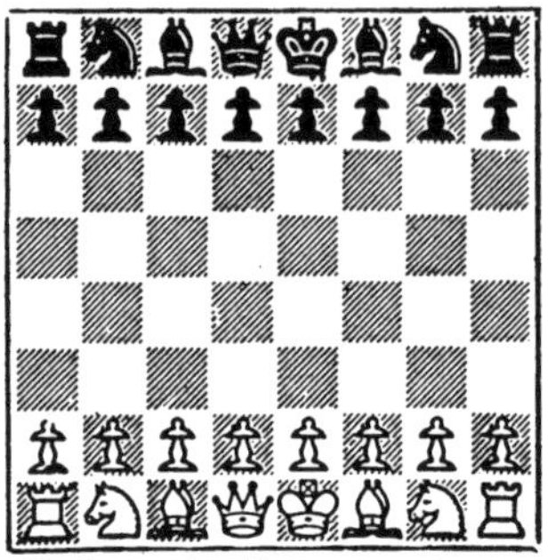

91 *As brancas jogam 1. P4R*

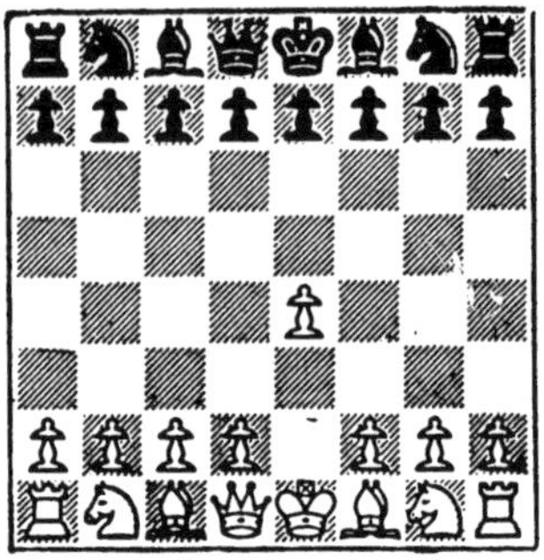

92 *As negras jogam 1... P4R*

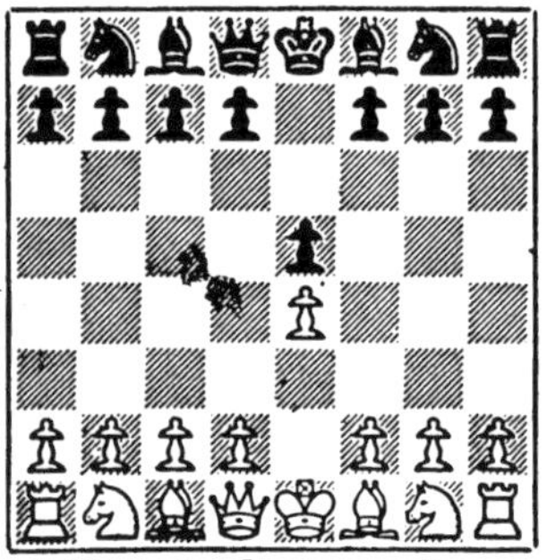

93 *As brancas jogam 2. B4B*

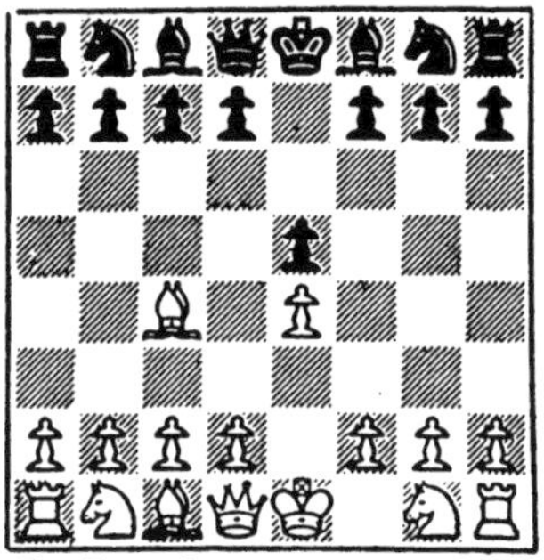

94 *As negras jogam 2... B4B*

* Cada diagrama mostra a posição existente *antes* do lance que aparece abaixo no diagrama.

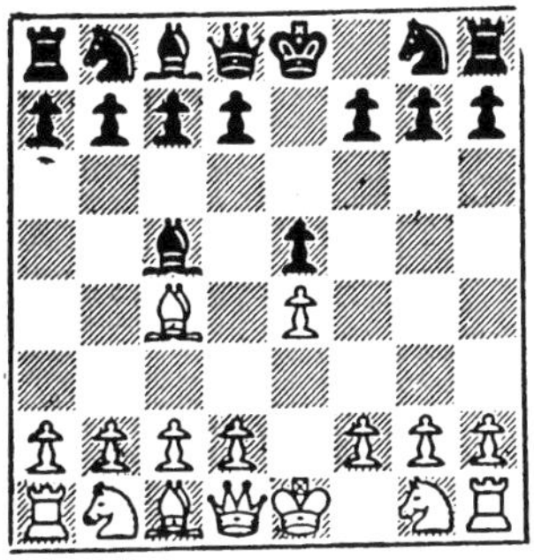

95 *As brancas jogam 3. D5T*

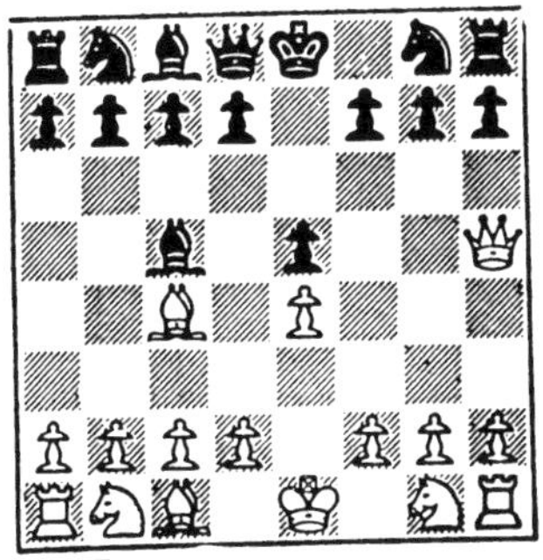

96 *As negras jogam 3... C3BD??*

Observe-se que após o terceiro lance das negras colocamos duas interrogações, sinal convencional que indica um mau lance. Os lances bons são indicados por meio de exclamações.

Jogando 3... C3BD??, as negras tinham em vista defender seu PR, mas deixaram de proteger o seu PBR, que também se encontrava ameaçado.

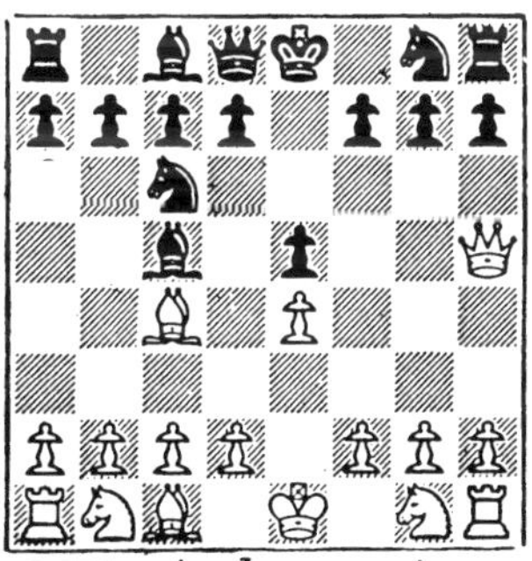

97 *As brancas jogam 4. DxPB mate.*

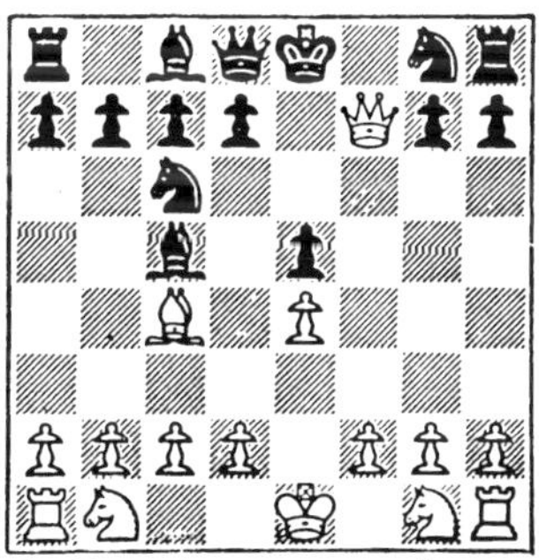

98 *As negras levam mate!*

No diagrama 98 o rei negro se encontra em posição de mate, porque não pode escapar; as negras não podem neutralizar o xeque, nem capturar a dama branca, que está defendida pelo bispo branco. *(Ver Diagrama 82)*

A partida poderia ser anotada na forma ortodoxa, como se segue:

Brancas			Negras
	1. P4R	P4R	
	2. B4B	B4B	
	3. D5T	C3BD??	
	4. DxPB mate		

(Mate é abreviatura usual de xeque-mate.)

Seguindo os diagramas, o leitor poderá acompanhar os lances, para ter certeza de que entendeu perfeitamente o método utilizado para a anotação das partidas.

A seguir, vamos experimentar um segundo "Lance de Xadrez", dando mais acurada atenção à partida.

Partida 2 : Defesa Petroff

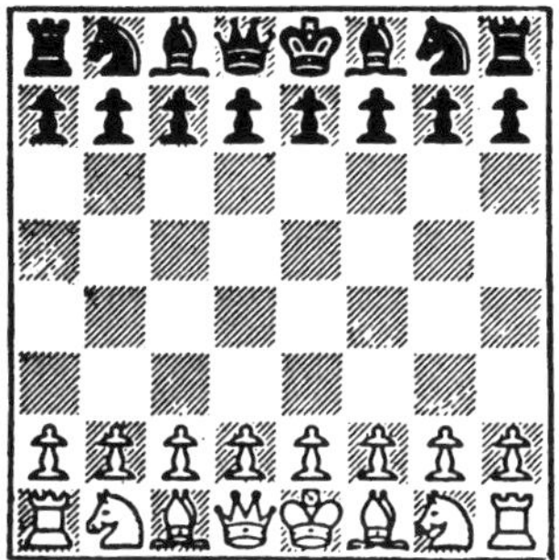

99 *1.P4R P4R*

Ambos os contendores procederam bem, iniciando a partida pelos peões centrais, o que permite um desenvolvimento mais rápido das peças.

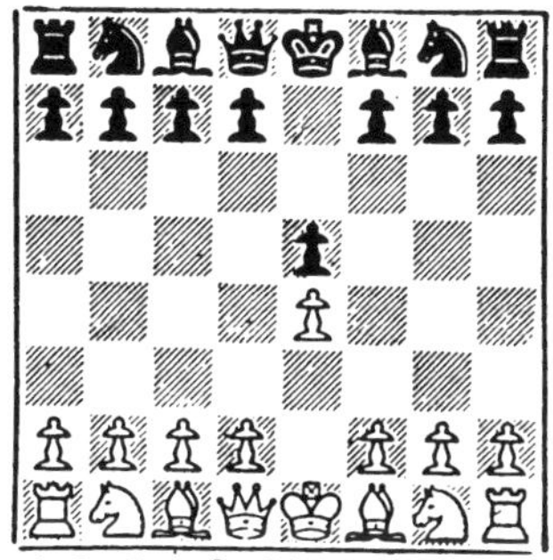

100 *2.C3BR C3BR*

As brancas desenvolvem seu CR, atacando o PR das negras. As negras realizam idêntico lanœ.

101 *3.CxP C3B*

As brancas capturam o PR e as negras desenvolvem seu CD. As brancas ficam com um peão a mais.

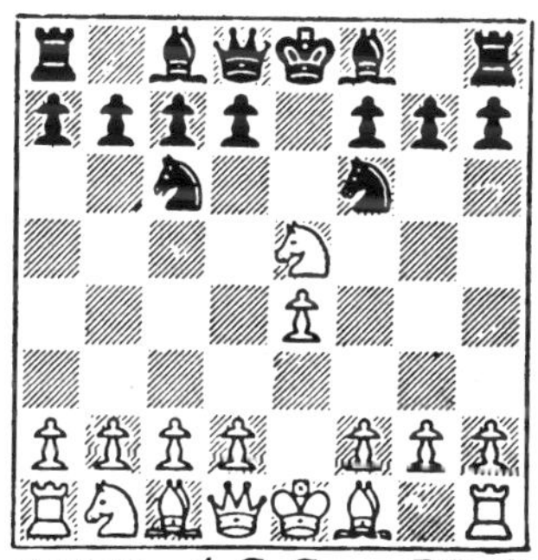

102 *4.CxC PDxC*

As brancas tomam o cavalo e as negras recapturam com seu PD, abrindo uma coluna para sua dama.

Esta partida é mais complexa que a anterior. As negras ganham por meio de um surpreendente sacrifício da dama, que ilude completamente o oponente. "Sacrifício" é um recurso que explanaremos no curso da partida.

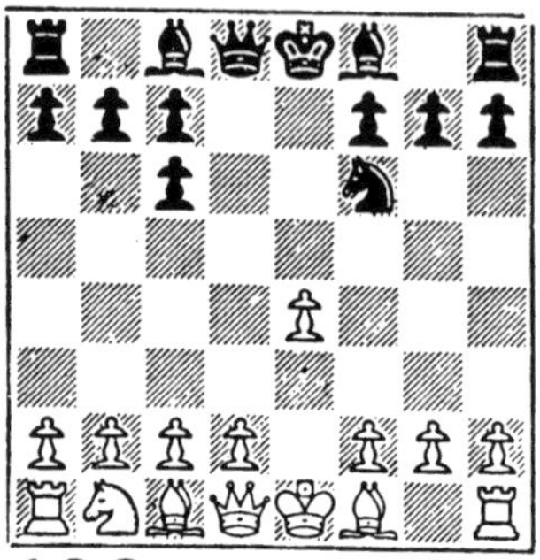

103 *5.P3D B4BD*

As brancas protegem seu peão-rei e as negras desenvolvem outra peça. Observemos o seguinte: as negras têm duas peças desenvolvidas e as brancas nenhuma. As negras estão prontas para a ação.*

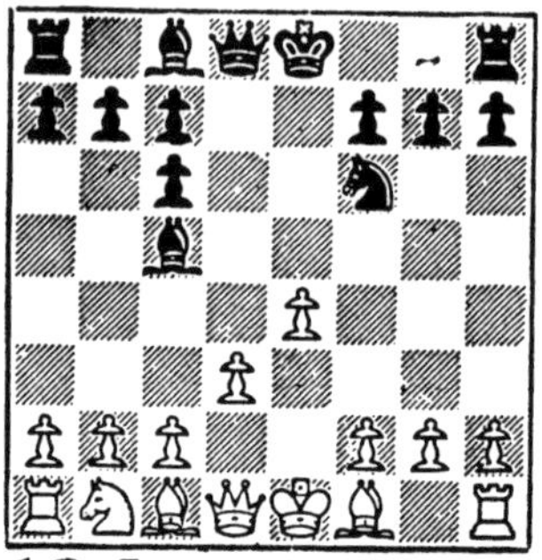

104 *6.B5C CxP!!*

*As brancas desenvolvem seu bispo-dama e as negras "sacrificam"** sua dama. As brancas agora podem tomar a dama, obtendo considerável vantagem material.*

* Dizemos que o peão-rei está protegido, porque se as negras jogam .... CxP, as brancas replicam PxC. Assim as brancas ganhariam um cavalo pelo peão. De acordo com o quadro de valores das peças (página 44), sabemos que a transação foi boa para as brancas e má para as negras.

** A troca de peça mais valiosa por outra de menos valor é normalmente considerada uma perda. Quando a perda é *intencional*, denomina-se *sacrifício*. O jogador que sacrifica, espera, naturalmente, obter algo mais valioso em troca.

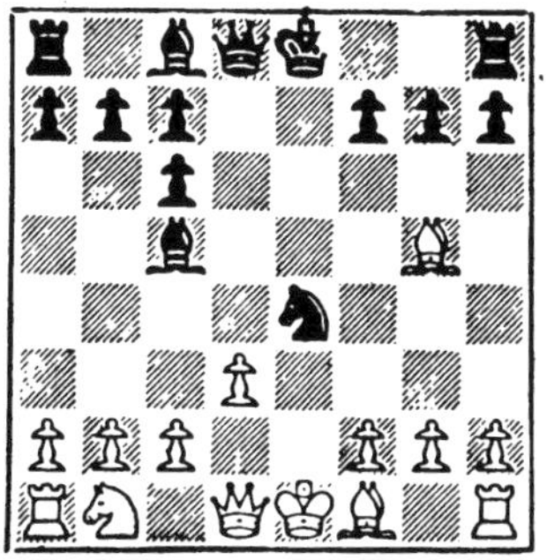

105 *7.BxD BxP+ As brancas naturalmente capturam a valiosa dama, mas agora as negras revelam o propósito do seu "sacrifício": primeiramente dando um xeque, para o qual há uma única resposta.*

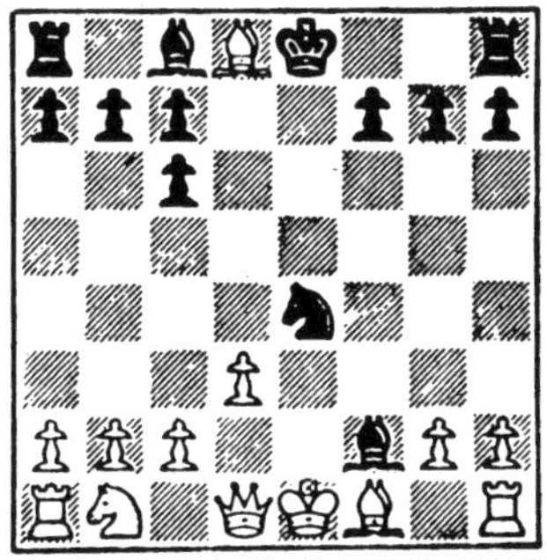

106 *8.RxB ou 8.R2D não são possíveis devido a ação do cavalo. Assim as brancas jogam: 8.R2R ...*

107 *8 ... B5C+ Outro xeque. ... As brancas não têm cobertura para este xeque de bispo. Também não podem capturar o bispo ou o cavalo.*

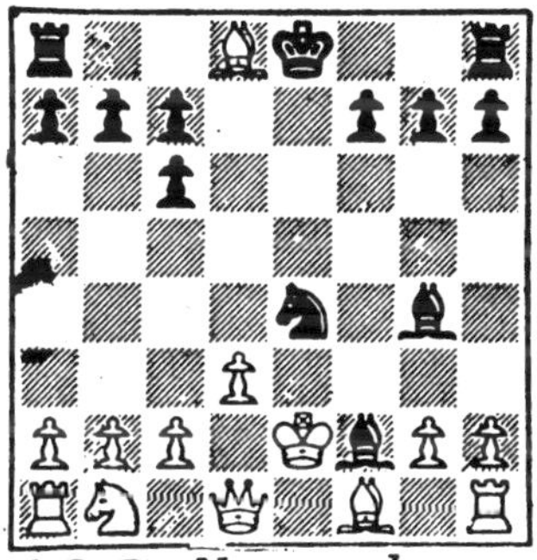

108 *Nem podem as brancas mover o rei: R3B ou R1R ou R3R ou R2D – são lances impraticáveis! As brancas levaram xeque-mate.*

ALGO MAIS SOBRE O REI

É NATURAL que se tenha ainda muita coisa a aprender sobre o rei, em virtude da sua elevada importância. São detalhes fáceis de guardar e muito úteis na prática das partidas comuns.

Primeiro conhecemos alguns métodos de ataque extremamente perigosos; e a seguir, as formas mais efetivas, para colocá-lo em segurança.

Xeque escoberto

109 *Primeiramente, daremos um xeque ortodoxo. Ver Diagrama 110.*

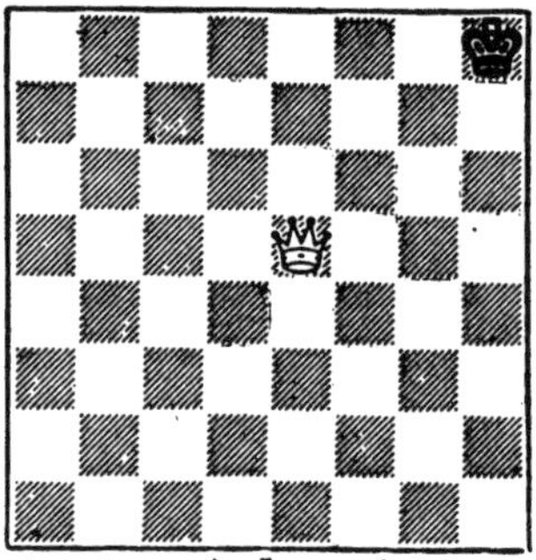

110 *A dama foi jogada de 2R para 5R dando um xeque em diagonal.*

Este tipo de xeque, em que uma peça move-se para uma casa da qual ela pode dar xeque, já nos é perfeitamente familiar nesta altura.

Mas há outros tipos de xeque, em que a peça *que não estava dando xeque, passa a dá-lo, sem se mover*!

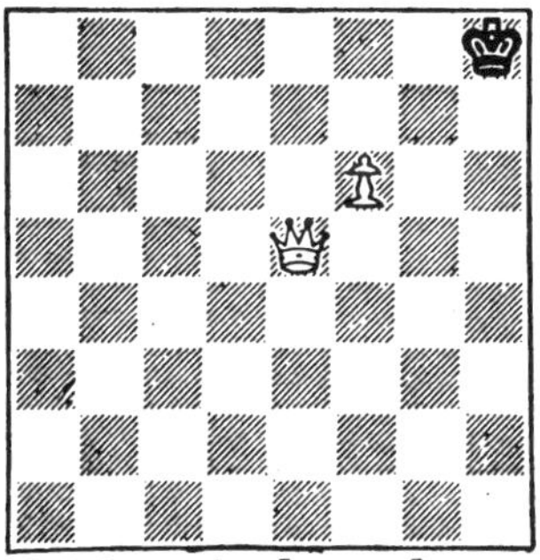

111 *A dama branca em 5R não está dando xeque, pois sua ação está bloqueada pelo peão branco em 6BR. Mas e se este peão avançar?*

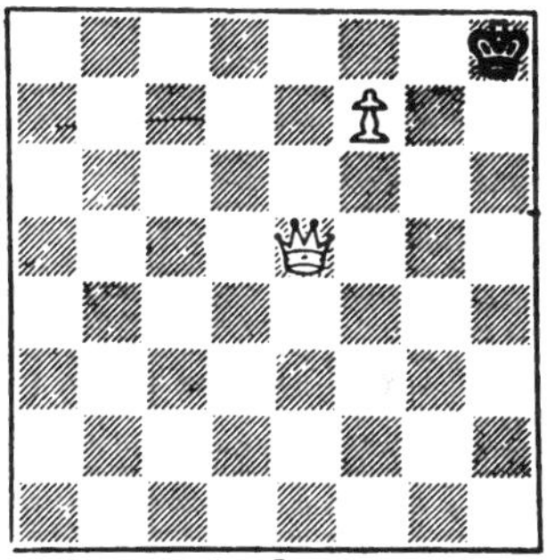

112 *As brancas jogaram P7B+ desc. (xeque descoberto). O avanço do peão abriu a linha de ataque contra o rei das negras.*

Vejamos agora, algumas das traiçoeiras possibilidades dos xeques descobertos: suponhamos que a peça que descobriu o xeque, em seu movimento *passe a atacar outra peça contrária, ao mesmo tempo.*

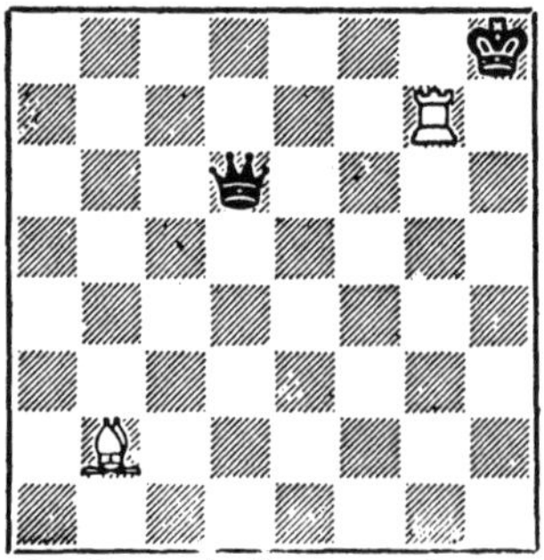

113 *As brancas jogam T7D+. Seu bispo ataca o rei negro; sua torre ataca a dama negra.*

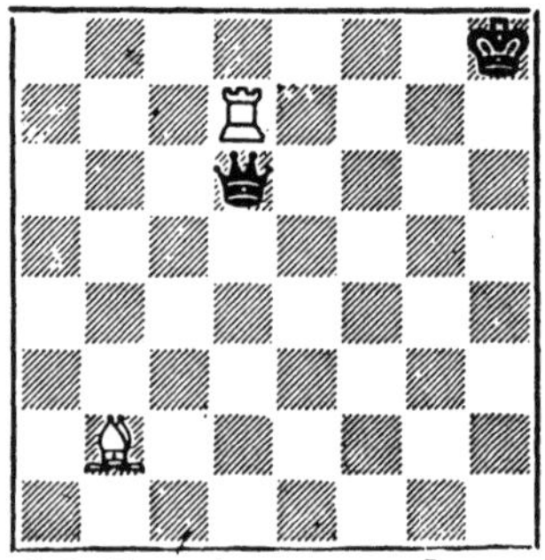

114 *As negras devem mover o rei ou cobri-lo com a dama, para neutralizar o xeque. De qualquer forma sua dama está perdida!*

Algumas vezes há defesa contra esses xeques descobertos. Se a peça que foi atacada secundariamente puder *colocar-se* em cobertura ao rei, tudo estará bem:

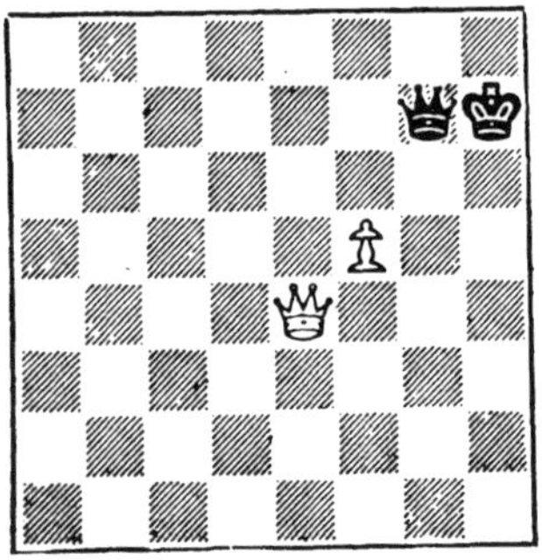

115 *As brancas jogam P6B+ esperando o ganho da dama. Mas desta feita a dama negra pode escapar fazendo a cobertura!*

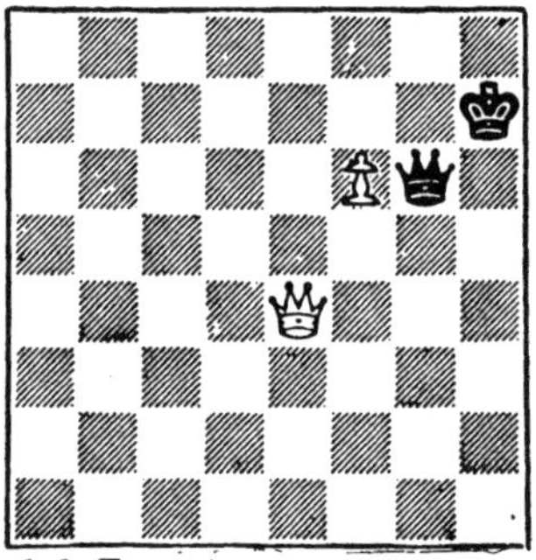

116 *As negras evitaram o desastre por meio de ... D3C. O rei está livre do xeque e a dama salva. Escape forçado.*

O Duplo Xeque

ESTA é a forma mais venenosa do xeque descoberto. Aqui, a peça que se move para descobrir o xeque, *também* dá xeque. Eis a razão do termo *duplo xeque.*

117 *As brancas jogam B6B+, dando xeque simultaneamente com a dama e com o bispo.*

118 *As negras são forçadas a moverem seu rei: não podem capturar nem a dama, nem o bispo.*

É interessante destacar estes pontos com relação ao duplo xeque. As peças do xeque (ou apenas uma delas) podem estar *en prise** (sob ataque) e no entanto nenhuma delas poderá ser tomada, porque a outra permaneceria dando xeque. Daí por que, no Diagrama 118, nem .... DxD, nem .... PxB, são possíveis. Raciocinando da mesma forma, também torna-se impraticável a cobertura pois são *dois* xeques. Assim, como resposta a um duplo xeque, resta apenas o movimento do rei. Supondo-se que

* Quando uma peça está sob ataque diz-se estar *en prise.*

o rei não possa mover-se, teremos uma situação como a que se segue:

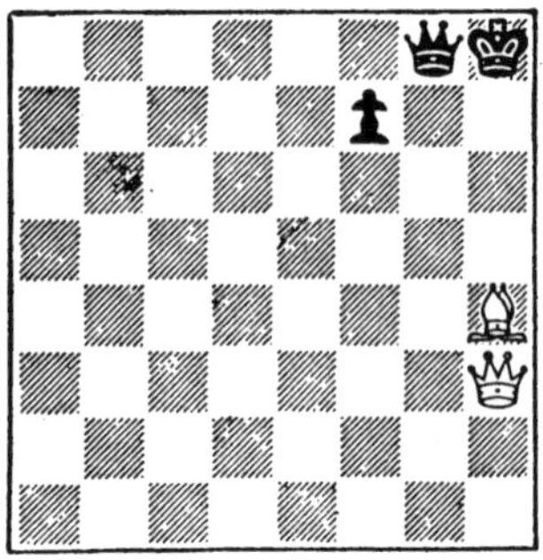

119 *As brancas dão duplo xeque com B6B+.*

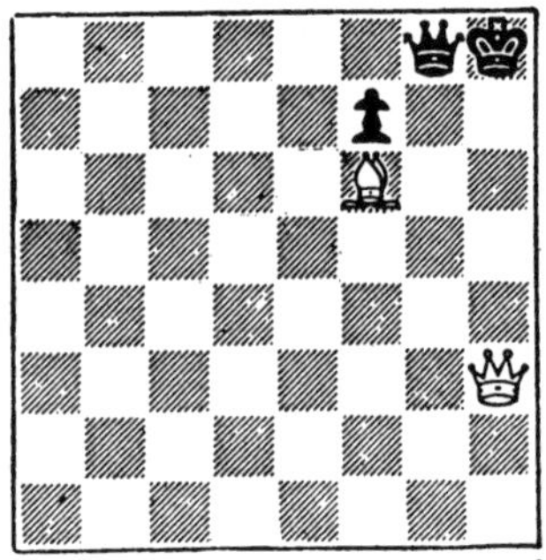

120 *Xeque — mate! O rei não tem escape.*

Muitas vezes o duplo xeque é a melhor forma de se explorar uma situação. Por exemplo:

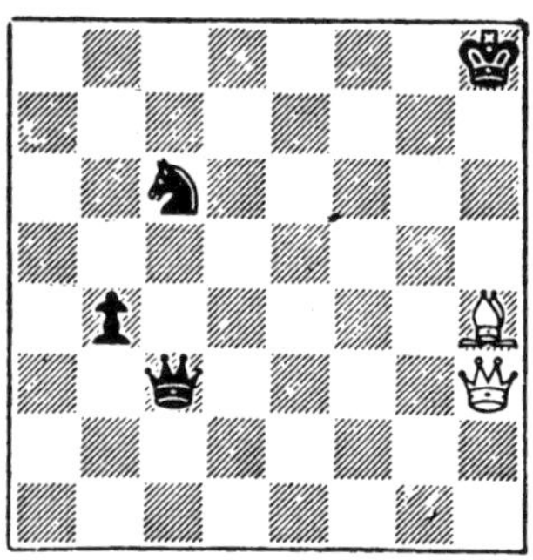

121 *DxD+ não seria proveitoso para as brancas, pois as negras replicariam ... PxD. Mas B6B + ganha a dama negra.*

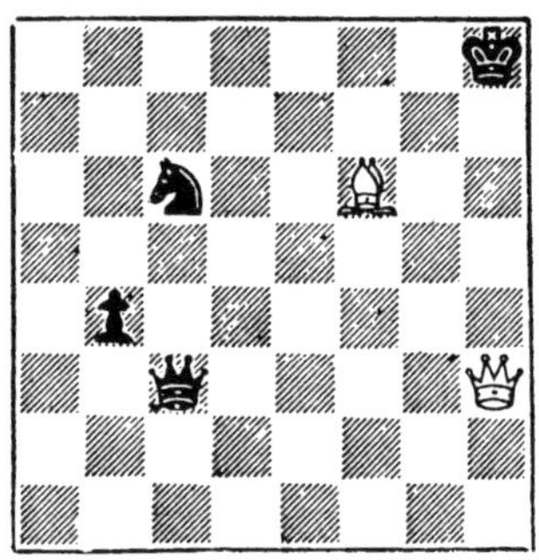

122 *As negras DEVEM jogar ... R1C, permitindo a seguir ... BxD. As negras não dispunham de recursos contra o duplo xeque.*

O Xeque Duplo*

UMA das características mais temíveis do cavalo é, justamente, a sua habilidade em "atacar" duas peças simultaneamente. Quando uma das peças atacadas é o rei, a ação do cavalo torna-se, muitas vezes, consideravelmente prejudicial.

Os diagramas 123 e 124 ilustram o assunto. Este é o mais efetivo tipo de xeque duplo que se pode ministrar e o pior, se somos nós que o estamos recebendo. Seu poder reside, particularmente no ataque ao rei adversário, pois este tendo que escapar, deixará a outra peça atacada entregue a seu destino. No diagrama 123 a "outra peça" é a dama, e a sua perda nessas circunstâncias equivale à perda da própria partida.

---

* No original consta "Forking Check", que deveríamos traduzir ao pé da letra por "garfo" ou "xeque em garfo". No entanto, entre nós o termo "garfo" é reservado para a ação do peão, atacando simultaneamente duas peças. (N. do T.)

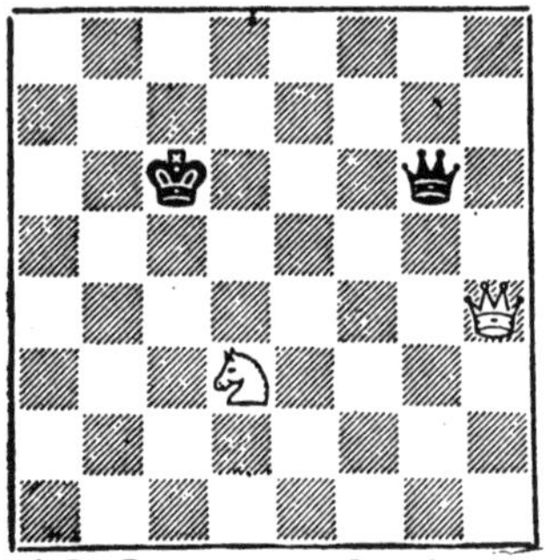

123 *O cavalo dispõe de um mortal duplo em 5R, com xeque. Devendo mover-se o rei, a dama estará perdida, arruinando materialmente as negras.*

124 *As negras gostariam de salvar a dama, mas não têm opção: DEVEM mover o rei, permitindo CxD. Transação ultraproveitosa.*

O Roque

Após termos aprendido diversas formas de assediar o rei, vamos nos acautelar, travando conhecimento com um método seguro para proteger a vida do nosso próprio rei.

Este método é conhecido por roque, e apresenta certas curiosidades. A mais importante delas é que constitui o único lance no xadrez, em que se permite movimentar duas peças ao mesmo tempo. *Estes dois lances são computados como um único*! Agora vejamos como este único lance é realizado.

As duas peças que realizam o roque são: o *rei* (é claro) e uma das *torres*.* Rocando com

* Outrora, a torre era conhecida por "roque". Esta denominação ainda encontramos em contos e novelas.

a torre-rei (no flanco-rei) realizamos o *roque do lado do rei* (pequeno roque). Rocando com a torre-dama (no flanco-dama) realizamos o *roque do lado da dama* (grande roque).

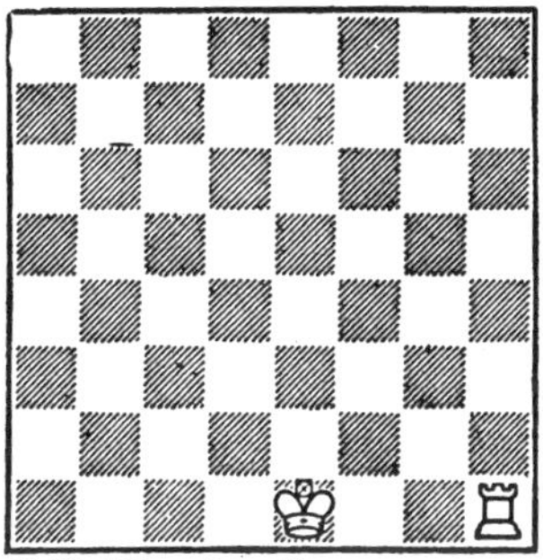

125 *As brancas podem efetuar o roque do lado do rei.*

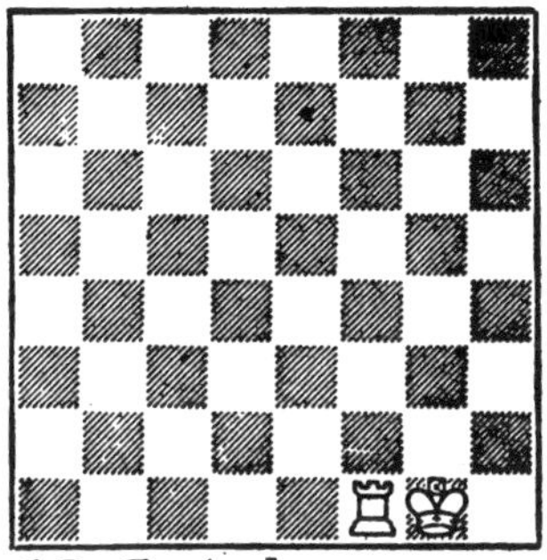

126 *As brancas rocaram para o lado da torre-rei.*

O mecanismo da operação é simples:

(a) aproximar o rei da torre;

(b) trazer a torre para junto e à esquerda do rei.

(Este lance é anotado: O-O).

Para as negras o procedimento é idêntico:

127 *As negras jogam O-O.*

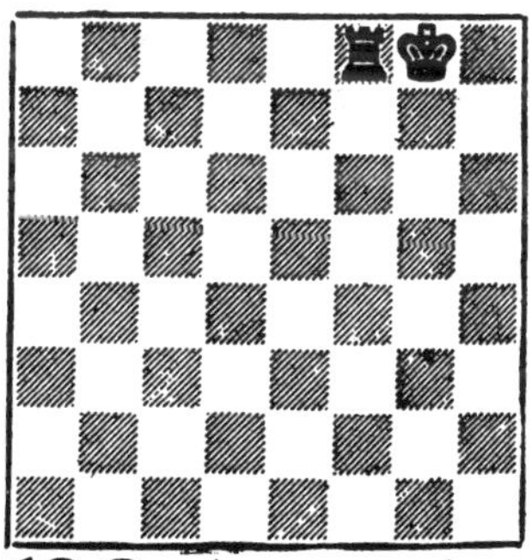

128 *As negras jogaram O-O.*

Vejamos agora como proceder com o tabuleiro cheio de peças:

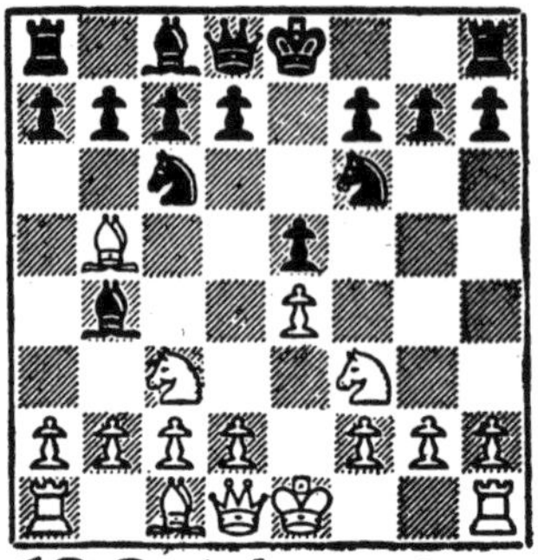

129 *As brancas jogam O-O.*

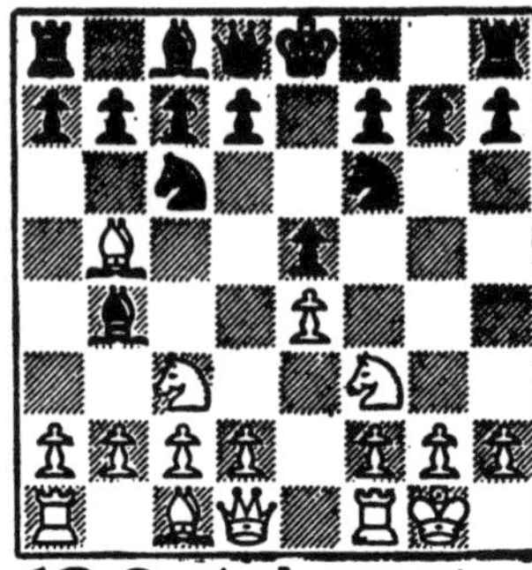

130 *As brancas jogaram O-O.*

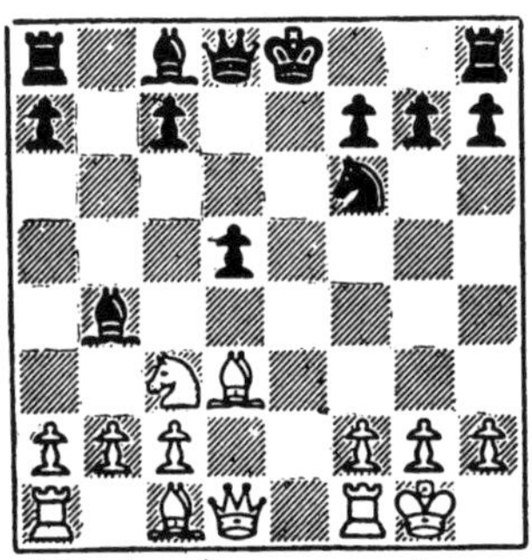

131 *As negras jogam O-O.*

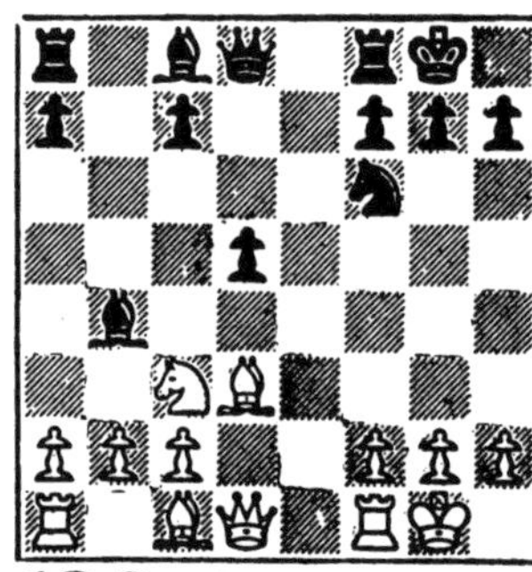

132 *As negras jogaram O-O.*

Aos jogadores sem maior experiência é conveniente a execução do roque o mais cedo possível. Assim abrigam seu rei contra pesados ataques e ao mesmo tempo trazem sua torre para tomar parte no jogo.

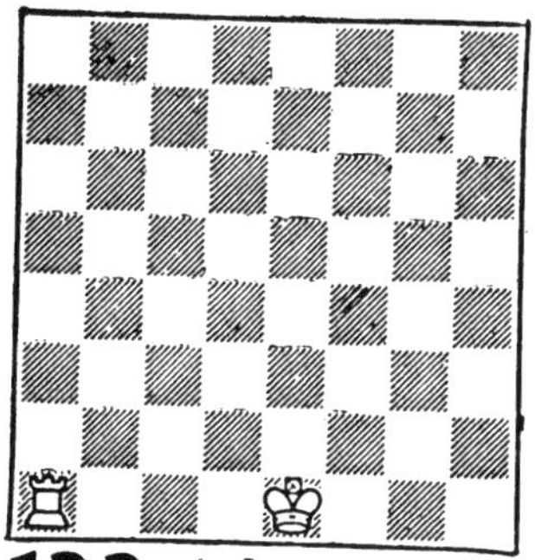

133 *As brancas rocam para o lado da dama (O-O-O).*

134 *As brancas rocaram para o lado da dama (O-O-O).*

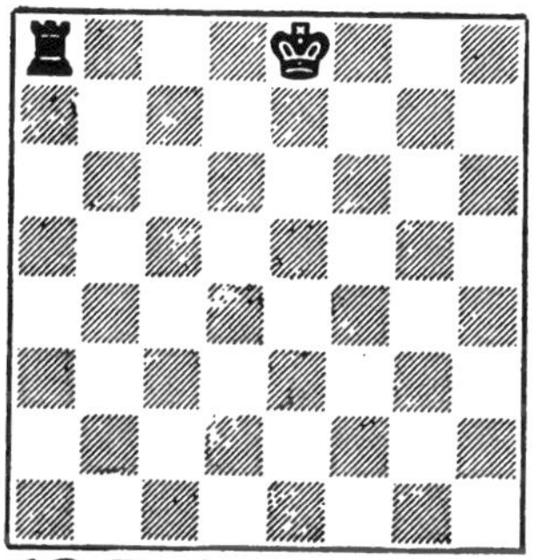

135 *As negras jogam ... O-O-O.*

136 *As negras jogaram ... O-O-O.*

O roque para o lado da dama é um pouco mais complexo, porque existem três casas entre o rei e a torre-dama. O rei move-se para 1BD, e a torre-dama para 1D. Assim:

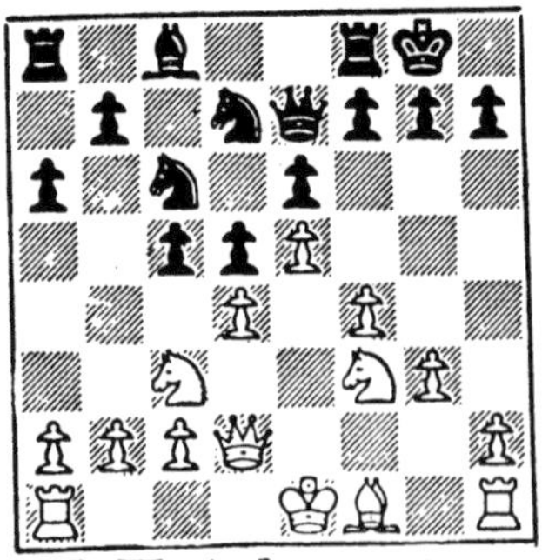

137 *As brancas jogam O-O-O.*

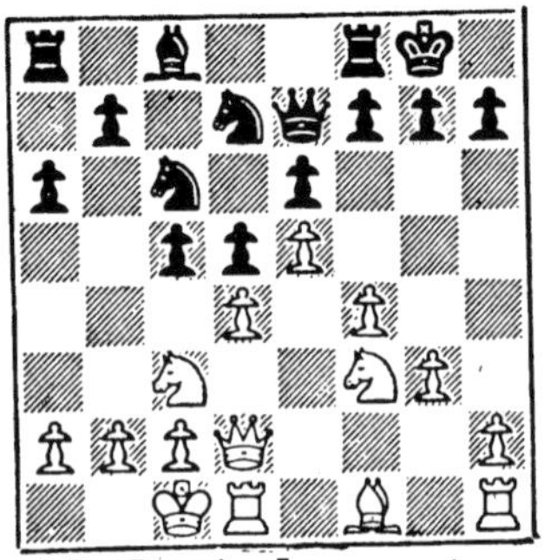

138 *As brancas jogaram O-O-O.*

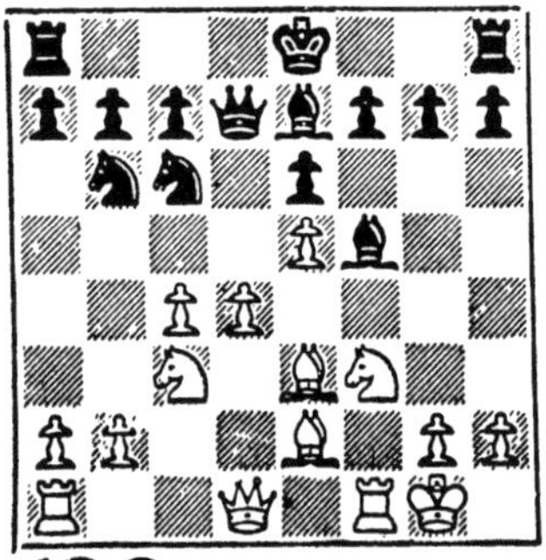

139 *As negras jogam ... O-O-O.*

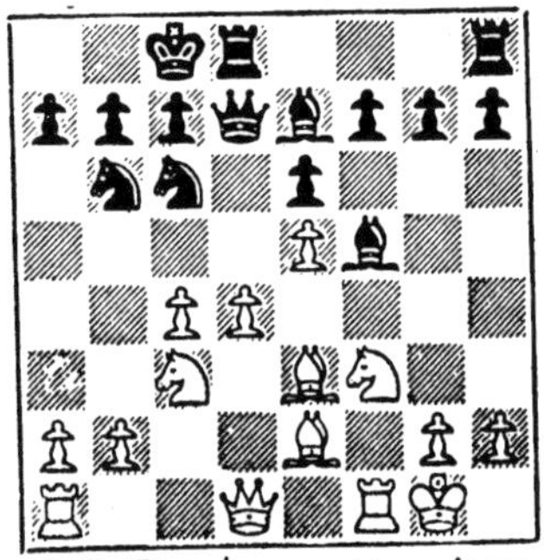

140 *As negras jogaram ... O-O-O.*

Vejamos agora as regras especiais sobre o roque. O roque não pode ser efetuado quando:

(a) O rei estiver em xeque.

(b) O rei tiver sido movido anteriormente.

(c) A torre que irá completar o roque, tiver sido movida.

(d) As casas (1CR ou 1BD) destinadas ao rei, estiverem dominadas por peça contrária.

(e) Para completar o roque, o rei tiver que passar por uma casa controlada por peça contrária.

(f) Houver peça adversária situada entre o rei e a torre do roque.

(g) Houver peça amiga situada entre o rei e a torre do roque.

Tais exceções estão representadas nos Diagramas 141-148, a seguir:

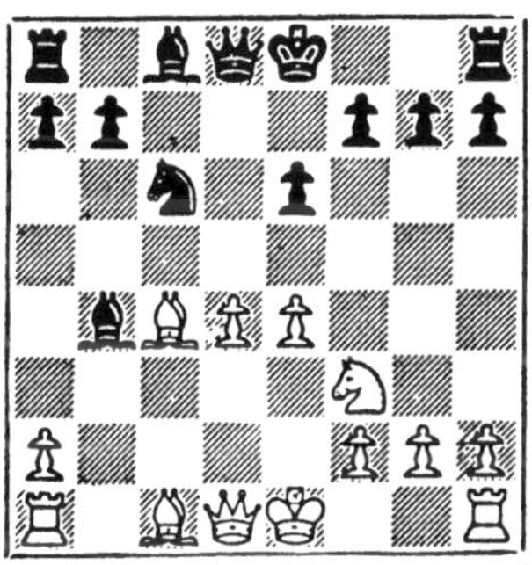

141 *O rei branco está em xeque: em conseqüência não pode rocar de imediato. Posteriormente poderá fazê-lo se nenhuma das demais exceções se verificar. Ver regra (a).*

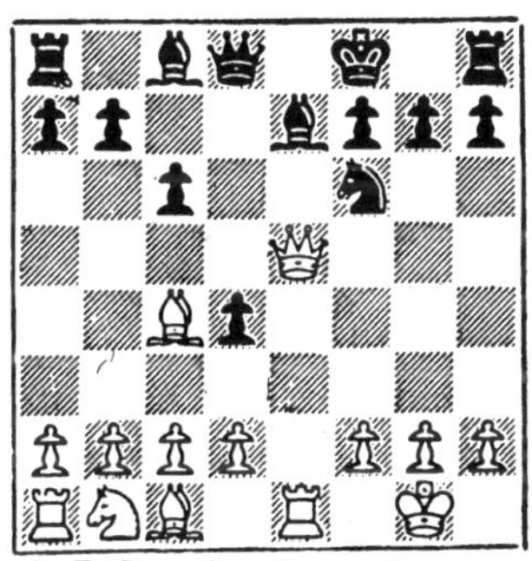

142 *Aqui o rei negro já foi movido; logo não será mais possível o roque. Ver regra (b) para confirmar este ponto.*

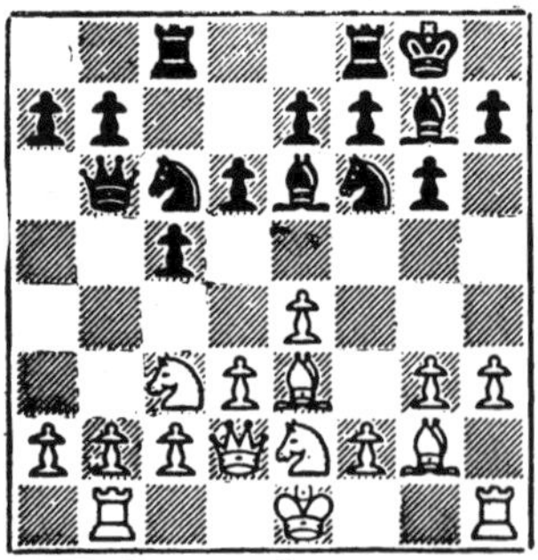

143 *As brancas não podem rocar para o lado da dama, apenas para o lado do rei. Ver regra (c).*

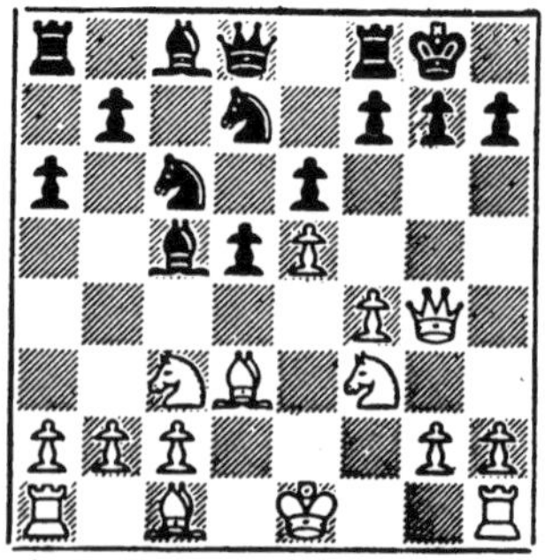

144 *Temporariamente o roque para o lado do rei está impedido, porque o bispo das negras controla a casa 1CR. Ver regra (d).*

Os quatro casos acima, de impossibilidade de roque, são os mais freqüentemente encontrados na prática. Contudo, é indispensável conhecer perfeitamente as exceções restantes.

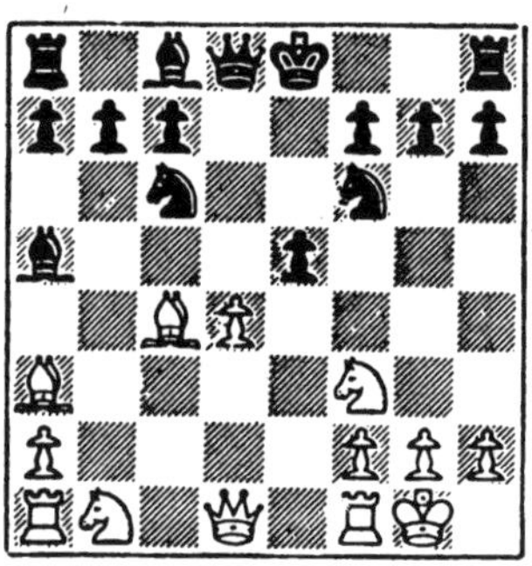

145 *Aqui as negras não podem rocar porque a sua casa 1BR está controlada pelo BD das brancas. Ver regra (e).*

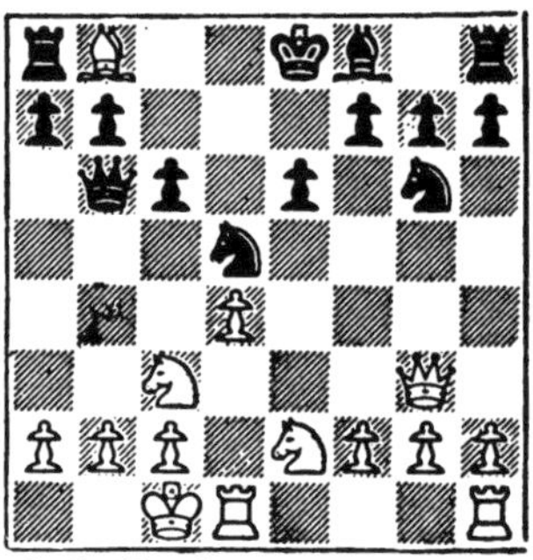

146 *As negras não podem rocar devido à presença do bispo das brancas. Ver regra (f).*

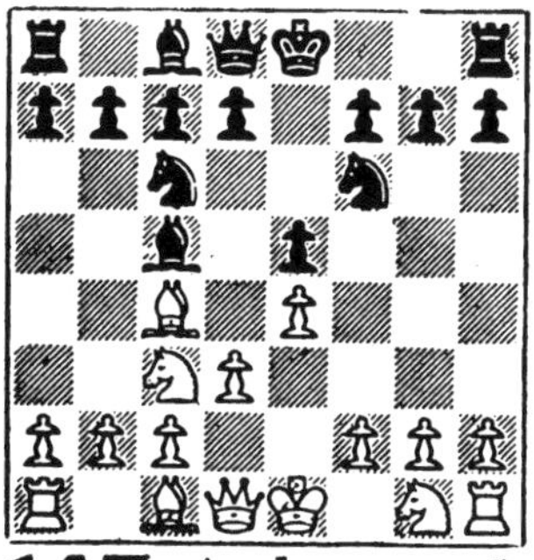

147 *As brancas não podem rocar para nenhum dos lados, devido à presença de suas próprias peças. Ver regra (g).*

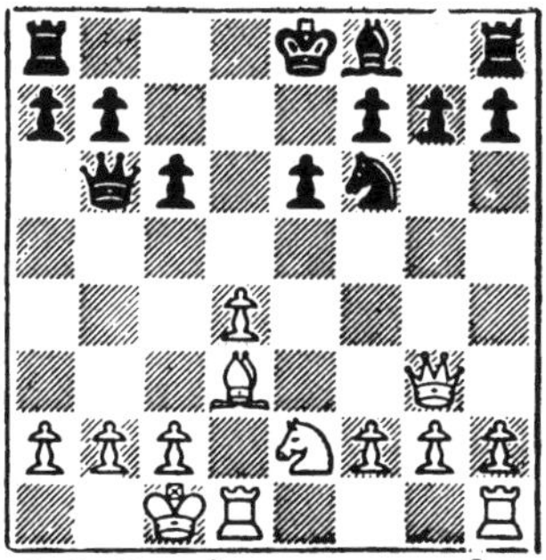

148 *As negras podem jogar ... O-O-O, apesar da dama das brancas dominar a casa 1CD, por onde deveria passar a torre (e não o rei).*

O VALOR DO ROQUE

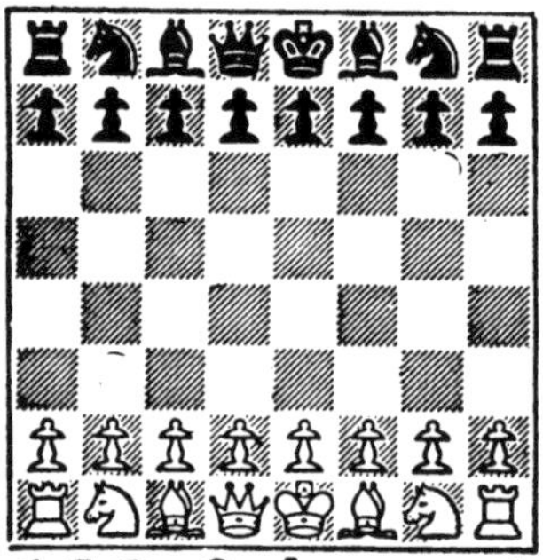

149 *Os lances de abertura:*

1.P4R P4R
2.C3BR C3BD
3.B5C

Constituem a Ruy Lopez, uma das aberturas favoritas do xadrez moderno.

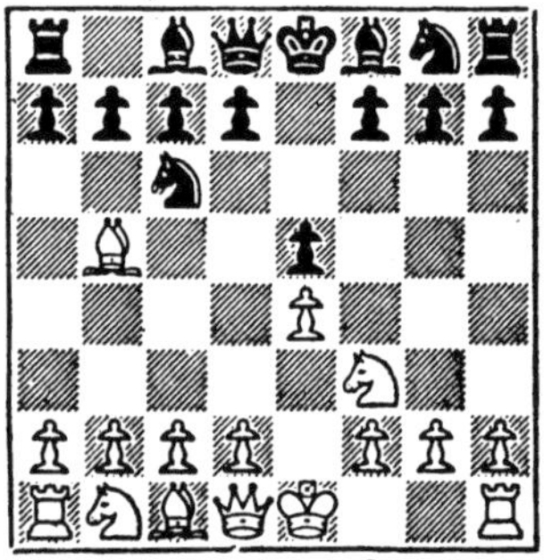

150 *A partida continua:*

3.... C3B
4. O-O ....

As brancas rocam cedo, esperando colocar sua torre-rei em ação. Suas esperanças são fundadas.

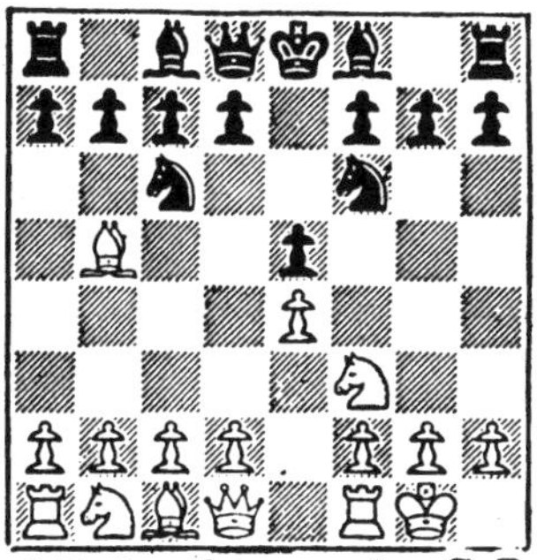

151 *4. ... CxP*
5. T1R ....

As negras capturam o peão-rei, e a torre-rei entra em ação, ameaçando 6.TxC. Em conseqüência, as negras retiram o cavalo.

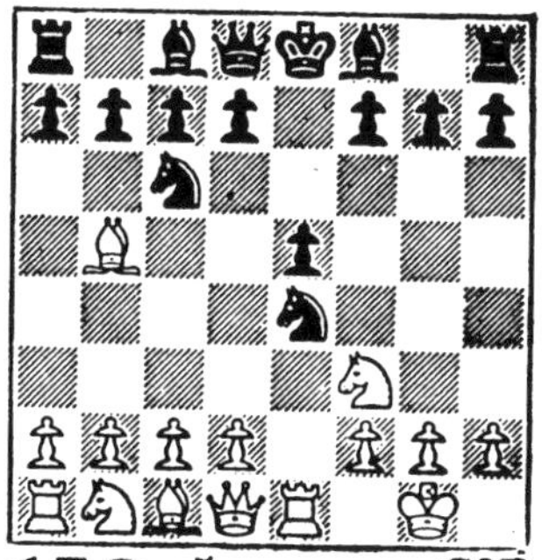

152 *5.... C3D*
6.C3B CxB

Poder-se-ia esperar agora 7.CxC, mas as brancas vislumbram possibilidades de ataque contra o rei das negras, que ainda não rocaram!

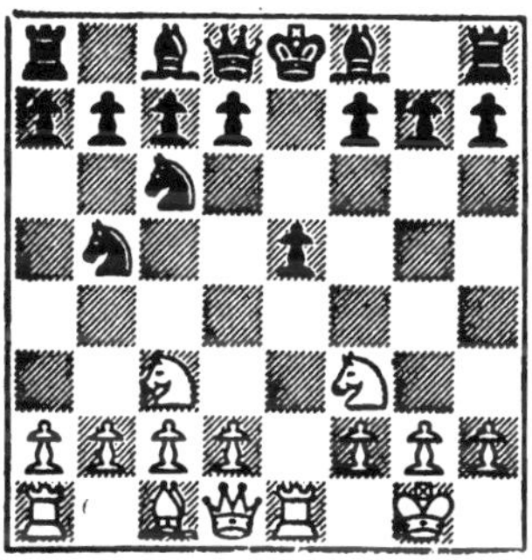

153 *7.CxP! CxC(6B)*

As negras estão com duas peças a mais. Mas sua alegria dura pouco: o xeque descoberto que se segue é decisivo, atacando o rei e a dama simultaneamente.

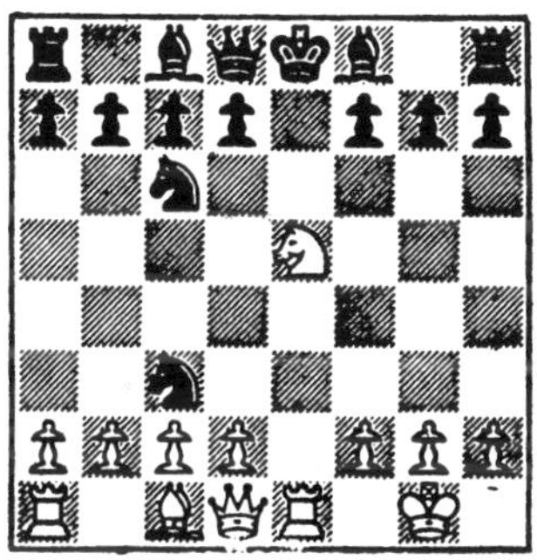

154 *8.CxC+ desc. ...*

Situação terrível para as negras. Seu rei está sob ataque da torre, enquanto o cavalo das brancas ameaça tomar a dama.

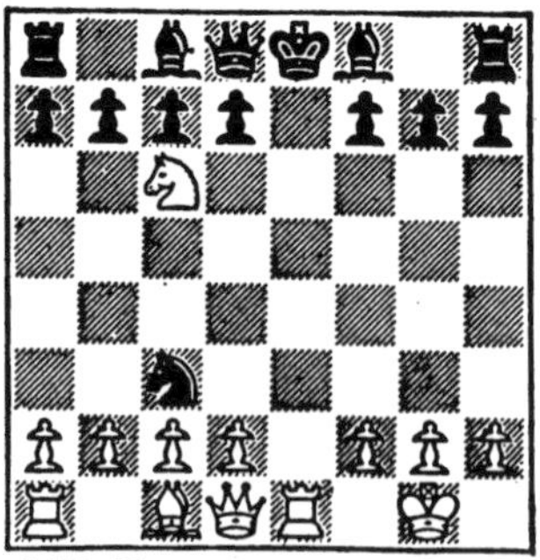

155 *8. . . .* *B2R*

Talvez a situação não seja tão séria como parece, raciocinam as negras; afinal de contas, a dama branca também está ameaçada pelo cavalo!

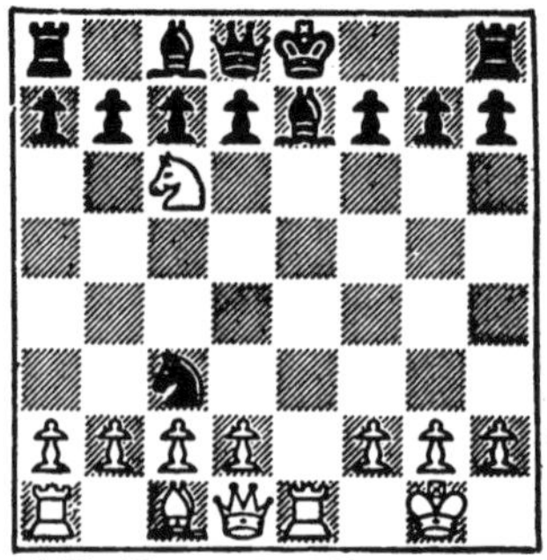

156 *9.CxB!! . . .*

Lance surpreendente que deixa o adversário sem alternativa (se 9. . . DxC; 10.TxD+, RxT; 11.PDxC com vantagem esmagadora).

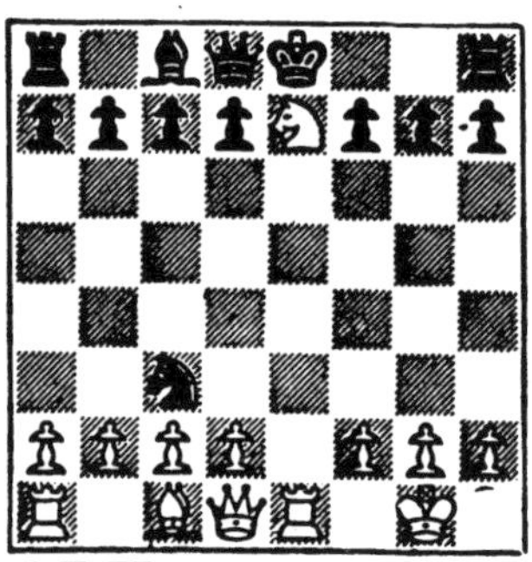

157 *9. . . .* *CxD*

O melhor, porém, é que as brancas dispõem de outro traiçoeiro xeque, *que assegura vantagem definitiva.*

158 *10.C6C + desc.*

. . . Isto força a réplica das negras, mas ambos . . . R1B e . . . R2R, impossíveis. (Lembre-se que o rei não pode ocupar casa dominada por peça contrária!)

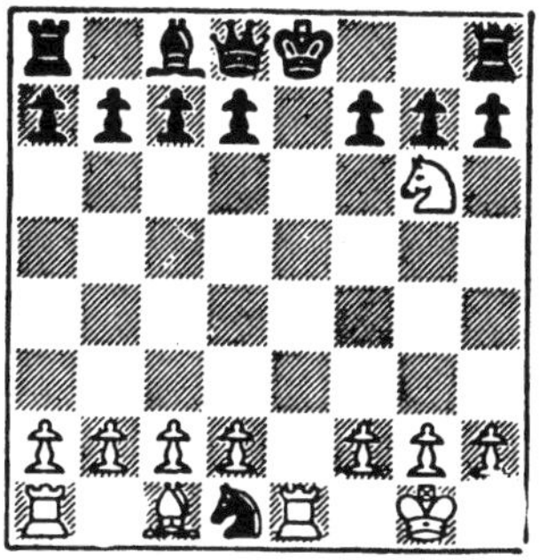

159 *10. . . . D2R; 11. CxD. O cavalo das negras em 8D está perdido e não pode escapar. Assim as negras estão praticamente com uma peça a menos. As brancas ainda ameaçam um terrível xeque descoberto, jogando o cavalo a 6CR e ganhando a torre-rei.*

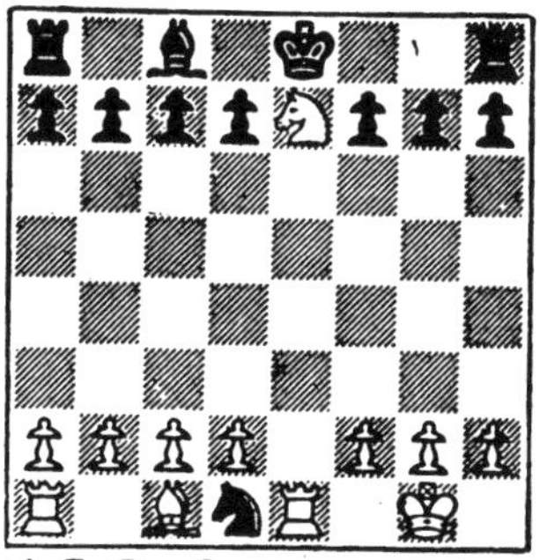

160 *Se as negras tentam evitar o xeque descoberto jogando 11. . . . . . R1B, segue-se 12.CxB . . . TxC; 13.TxC concretizando a vantagem de uma peça para as brancas. Esta vantagem é suficiente para decidir a partida a favor das brancas.*

EMPATES

Do EXPOSTO, poderá supor o leitor que todas as partidas apresentem um resultado decisivo, por meio do xeque-mate ou do abandono. Na realidade, a maioria das partidas de xadrez assim termina. Mas é possível um outro tipo de resultado: *o empate* (*tablas*). Uma partida empate significa que não houve decisão: nem vitória, nem derrota.

São muitas as maneiras para se chegar a um final empate. O mais freqüente é o empate por mútuo acordo. A posição pode não apresentar interesse; a hora ir muito avançada; um dos adversários ser por demais tímido para tentar o ganho, um jogador descuidado pode enganar-se. Qualquer que seja a causa, desde que haja mútuo consentimento, a partida pode ser declarada *tablas.*

As leis que regem o xadrez prevêem dois casos em que o empate é possível.

Um deles é a regra dos "50 lances", que estabelece que, se após 50 lances, nenhuma peça tiver sido capturada e nenhum peão movido, qualquer dos lados pode exigir o empate. O escopo desta regra é penalizar os jogadores que se revelam incapazes de obter vantagem material, e proteger os oponentes daqueles que se recusam concordar com o empate, apesar de não possuírem bases reais para a conquista da vitória.

A outra regra estabelece que, quando uma posição é repetida três vezes, *qualquer dos contendores pode reclamar o empate, no momento de realizar o lance que completará a repetição* (três vezes).

Nas partidas atuais, entre jogadores de força média, a regra dos "50 lances" tem pequena importância. Muito importante são os três métodos de empate conhecidos como: *xeque-perpétuo,* o empate (rei coagido), e *insuficientes peças para o mate.*

Xeque Perpétuo

A PRÓPRIA expressão traduz o significado deste xeque. Surge quando um dos contendores pode dar xeque indefinidamente ao rei adversário. O xeque perpétuo é um recurso particularmente útil em situações de manifesta inferioridade posicional ou material.

161 *As brancas estão com uma torre a menos e ordinariamente sua partida estaria perdida. Mas segue-se:*

1.D8R+ R2T
2.D5T+ ....

162 *Poderá o rei fugir aos xeques?*

2.... R1C
3.D8R+ R2T
4.D5T+ ....

E as negras devem concordar com o empate, pois seu rei não pode evitar os xeques!

O xeque perpétuo é um recurso que deve ser procurado pelo jogador que se encontra em inferioridade, pois muitas vezes é o único meio capaz de evitar a derrota. Ao contrário, todo o jogador que se encontrar em vantagem na partida, deve se precaver contra os xeques perpétuos, recurso que poderá ser utilizado pelo adversário para evitar a derrota. As posições, em que o rei se encontra exposto, são particularmente suscetíveis de permitir o xeque perpétuo. Normalmente, a maioria dos xeques perpétuos é dada pela dama — o que é perfeitamente explicável, por ser a peça mais agressiva e de maior raio de ação do tabuleiro.

Empate por Falta de Chances (Rei Coagido)

A DIFERENÇA entre xeque-mate (que ganha) e deixar o rei adversário coagido (que apenas empata), é insignificante, porém vital.

Se o rei *receber xeque* e não dispuser de nenhum lance correto*, concretiza-se o *xeque-mate. Se o rei não estiver em xeque* e não for possível a efetivação de nenhum lance legal, diz-se que a partida está *tablas* ou empate porque o *rei está coagido.* A semelhança entre o xeque-mate e o empate acima é que ambos se aplicam ao jogador que deve realizar o lance e que não dispõe de nenhuma forma legal de o fazer. Ao contrário, diferem no seguinte: *se o rei está em xeque,* temos o xeque-mate; *se o rei não está em xeque,* temos o empate.

---

* As regras do xadrez não permitem mover-se a uma casa controlada por forças inimigas. Em réplica ao xeque, as regras do xadrez permitem somente mover-se a fim de que, por um meio ou por outro, possa livrar-se do xeque.

163 *O rei negro está em xeque, mas dispõe de alguns lances possíveis: ... R2T ou ... R2C ou ... R2B. Evidentemente não estamos face nem ao xeque-mate nem ao empate, por falta de lances.*

164 *O rei das negras não está em xeque, mas dispõe de um grande número de lances ... R1C ou ... R2T ou ... R2C. Logo, não identificamos nem o xeque-mate nem o empate, por falta de lances.*

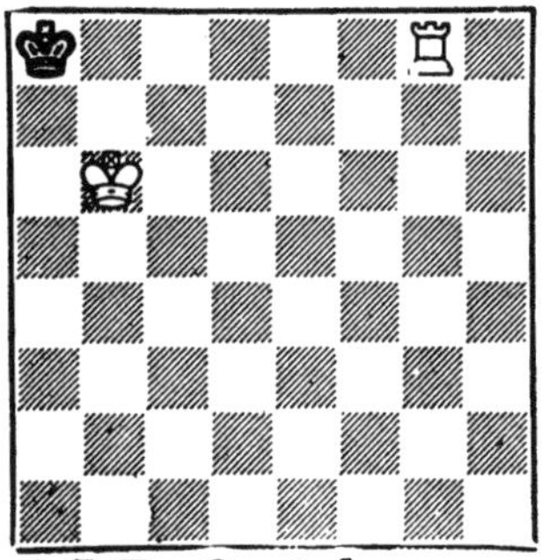

165 *O rei das negras está em xeque, e ... R2T ou ... R2C ou ... R1C são impossíveis, porque todas estas casas estão sob o controle das peças contrárias. Temos um xeque-mate.*

166 *O rei das negras não está em xeque, mas não dispõe de qualquer lance legal, ... R1C ou ... R2C ou ... R2T não são realizáveis. Concretiza-se o empate.*

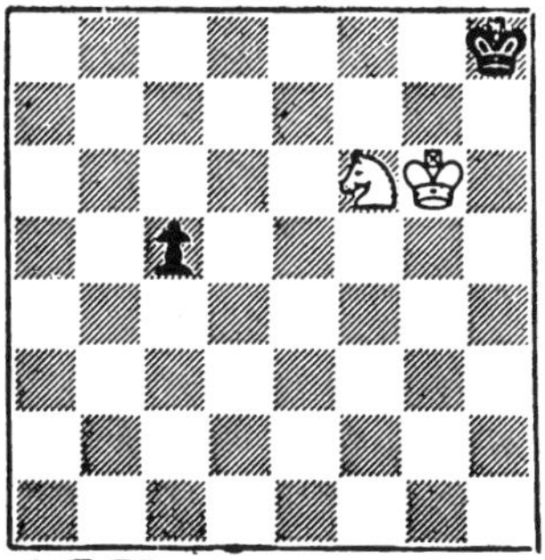

167 *Outra vez devem as negras jogar. Estarão coagidas? Não! Pois podem jogar ... P5B — um lance perfeitamente legal.*

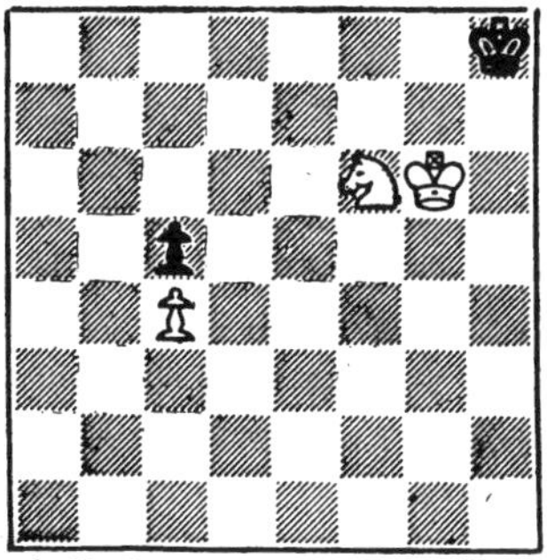

168 *Outra vez cabe o lance às negras. Estarão coagidas? Sim! Seu peão está bloqueado e seu rei não tem lance legal.*

169 *O lance é das brancas, a partida está empate!*

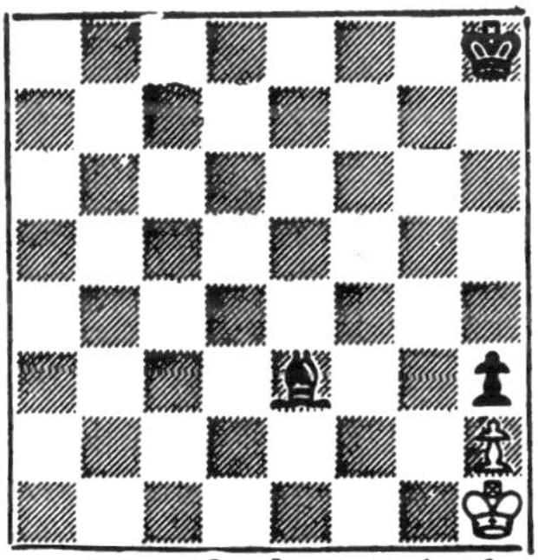

170 *O lance é das brancas, a partida está empate.*

Peças que Dão Mate

Eis o mínimo de peças necessárias para dar mate ao rei adversário, quando só:

(a) rei e dama,

(b) rei e torre,

(c) rei e dois bispos,

(d) rei, bispo e cavalo.

Adiante veremos casos em que rei e peão podem ganhar do rei adversário.

O xeque-mate é impossível com apenas um bispo, um cavalo, ou mesmo dois cavalos contra o rei adversário, sozinho. Assim, a seguir apresentamos duas posições de empate:

171 *Com somente um cavalo de vantagem, as brancas não podem dar mate. Empate claro.*

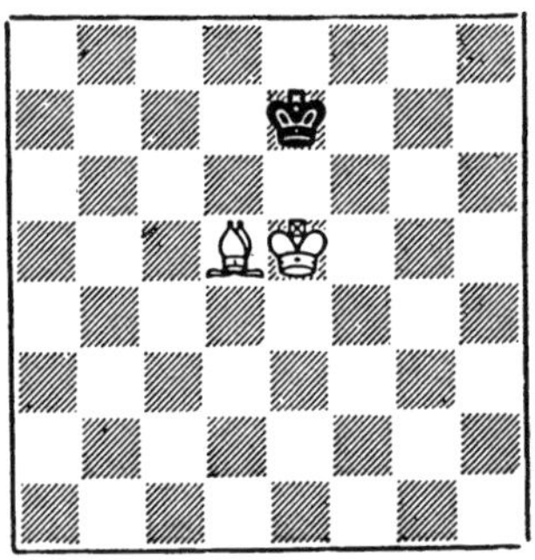

172 *Com somente um bispo a mais, as brancas não podem dar mate. Empate claro.*

É apenas no final da partida que um cavalo ou bispo a mais, não podem dar mate.

Rei e bispo contra rei, ou rei e cavalo contra rei, são partidas empates, mas em estágios anteriores, quando outras peças ainda se encontram no tabuleiro, a vantagem de uma peça será decisiva em 99% dos casos. A peça a mais quase sempre permitirá o ganho, de uma ou duas maneiras:

(a) A peça extra permite a montagem de um ataque que o oponente não pode neutralizar.

(b) A peça extra capacita a concentração de maioria de meios que irão permitir novos sucessos.

ALGO MAIS SOBRE O PEÃO

ANTERIORMENTE dissemos que em certas posições é possível o ganho, contando-se apenas com rei e peão, contra o rei adversário. À primeira vista, esta afirmativa poderia parecer absurda, pois o peão é muito mais fraco que o bispo ou o cavalo, e nenhum deles é suficientemente forte para concluir o mate. Como então pode o peão forçar o mate?

Promoção do Peão

PARA respondermos a esta pergunta, devemos antes explicar que o peão possui uma virtude que até esta altura não havíamos ainda mencionado:

Quando um peão alcança a última fileira (oitava), transforma-se em dama, torre, bispo ou cavalo.

O peão é simplesmente retirado do tabuleiro e em seu lugar colocada a peça escolhida. Normalmente a dama será a peça escolhida — podemos mesmo afirmar que isto acontece em 99%

das partidas. A dama sendo a peça mais forte do jogo, é lógico que seja a escolhida.

Mesmo que um dos oponentes ainda possua dama, poderá escolhê-la, ficando com duas damas — ou mesmo três ou quatro! Também a presença das duas torres não obsta a escolha de uma terceira. Face a simples teoria (mas muitíssimo raro na prática), também é praticável a aquisição de um terceiro bispo ou cavalo

Agora vejamos como rei e peão muitas vezes vencem contra o rei isolado. É claro que, se o peão puder ser promovido a dama, passaremos a ter um final com rei e dama contra rei, quando o mate é perfeitamente possível.

Com a promoção do peão a dama, imediatamente o final da partida se transforma, tal é a diferença entre o valor do peão e da dama. Esta transformação pode ser perfeitamente verificada nos Diagramas 173-176, nos quais o vagaroso peão é promovido à poderosa dama. A torre negra, inicialmente dominante no tabuleiro, passa a ser uma infeliz vítima.

173 *Normalmente a torre ganha contra o peão, mas não no presente caso. As brancas jogam 1.P8R=D+. As negras DEVEM mover o rei.*

174 *As brancas avançaram o peão para a oitava fileira, removeram-no do tabuleiro, e colocaram uma dama em seu lugar.*

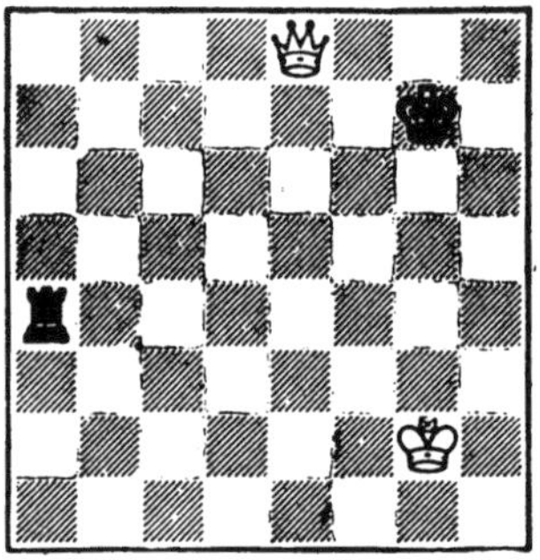

175 *As negras retiraram seu rei do xeque, mas agora devem perder a torre.*

176 *As brancas jogaram DxT e podem agora tratar do mate.*

Rei e bispo contra rei traduz empate teórico, mas com peões sobre o tabuleiro, a vantagem material se torna decisiva.

177 *Desde que .... R5R é impossível, as negras devem abandonar a defesa do seu peão. Segue-se:*
1.... *R3R*
2.RxP *....*

178 *Agora as brancas ganham o outro peão e poderão promover (coroar) o seu. O processo de execução é muito simples e dispensa um estudo mais detalhado.*

Nos casos em que o peão se transforma em dama, com captura de peça, a vantagem obtida ainda mais se acentua. O ganho de material (peças) é muitas vezes tão grande, com ou sem dama, que a vitória imediata torna-se possível.

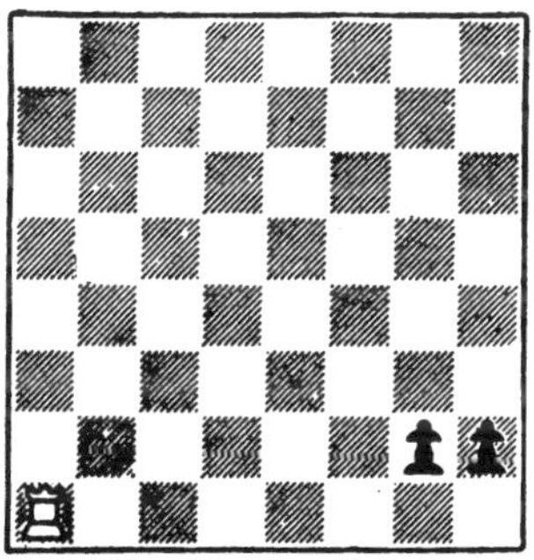

179 *Desta feita são as negras que coroam seu peão:*
1.... *P8T=D*
2.TxD *PxT=D*

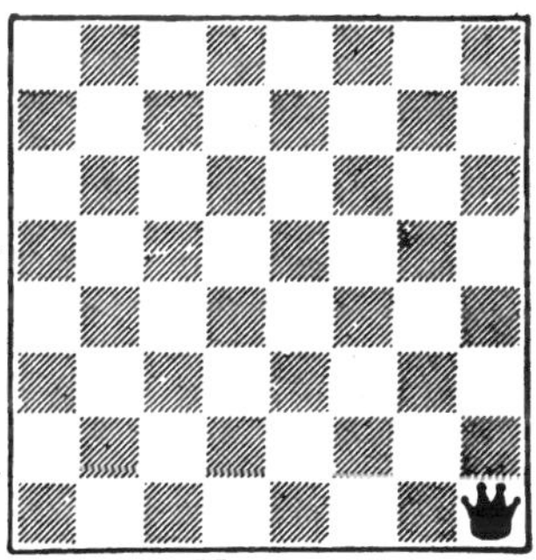

180 *No caso, o peão transformou-se em dama, capturando na última fileira.*

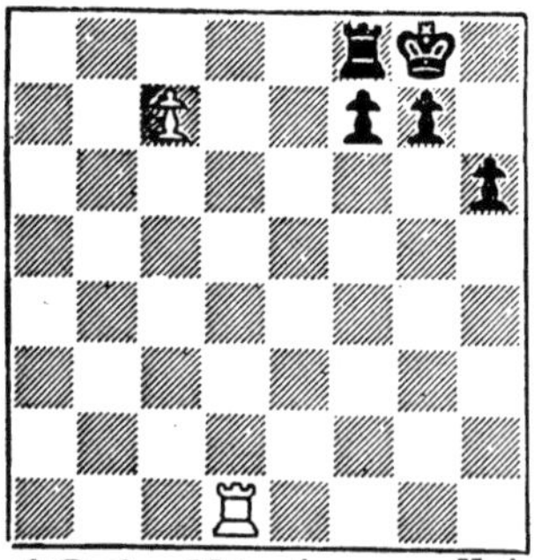

181 *Não é aconselhável coroar o peão imediatamente, em virtude da simples resposta das negras ... TxD. Assim as brancas jogam 1.T8D, deixando as negras sem recursos.*

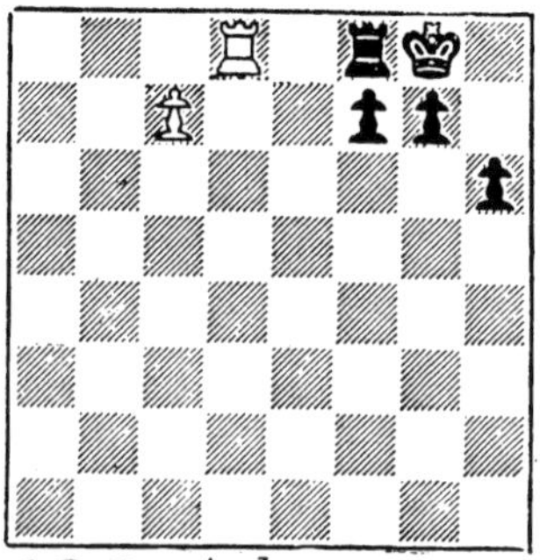

182 *As brancas ameaçam 2.P8B=D ou 2.TxT+, RxT; 3. P8B=D+. As negras não têm defesa: (se) 1.... TxT; 2.PxT=D+ etc.*

Algumas vezes a simples promoção a dama, não decide rapidamente a partida: a nova dama é imediatamente capturada. Contudo esta captura tem seu alto custo. Por exemplo:

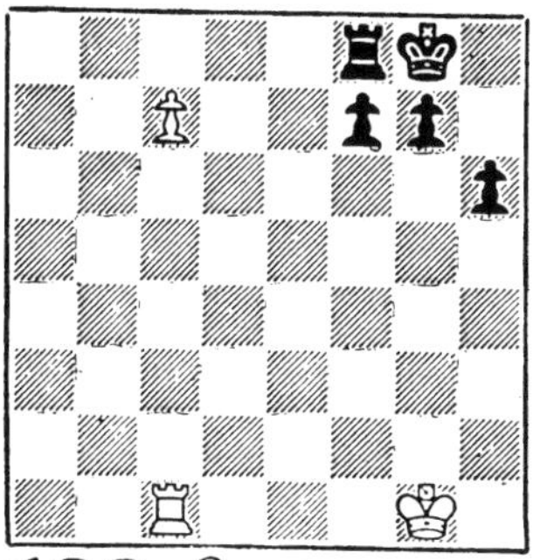

183 *Os recursos materiais são iguais, mas, as brancas podem ganhar a torre:*

1.P8B=D *TxD*
2.TxT+ ....

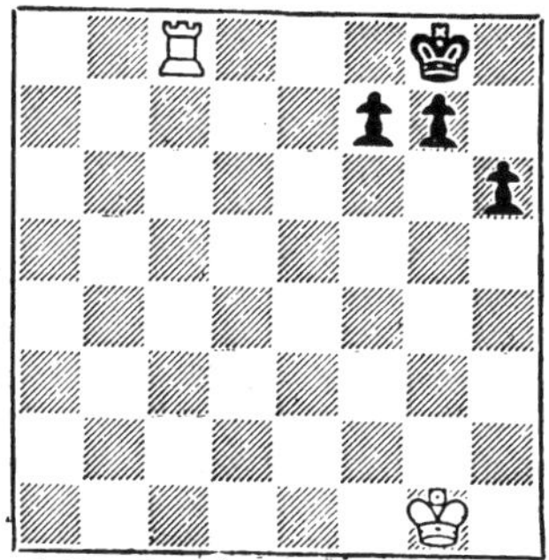

184 *Agora os recursos materiais estão um pouco diferentes. A dama recém-coroada foi capturada, mas as brancas ficaram com uma torre a mais.*

Partida 3 : Defesa Caro-Kann*

Com este drástico e expressivo exemplo do dinâmico valor da promoção do peão, damos por encerrada esta seção. É importante ressaltar que, em face da sua possibilidade de promoção a dama, o peão jamais pode ser tratado com desprezo. Cada peão deve ser encarado como uma dama em potencial. O ganho de um peão traduz a promessa de que o contendor que o obteve, passa a ter mais possibilidades de conseguir nova dama.

* Esta denominação deve-se a dois jogadores do século dezenove, Horácio Caro e Marcus Kann, que popularizaram esta abertura.

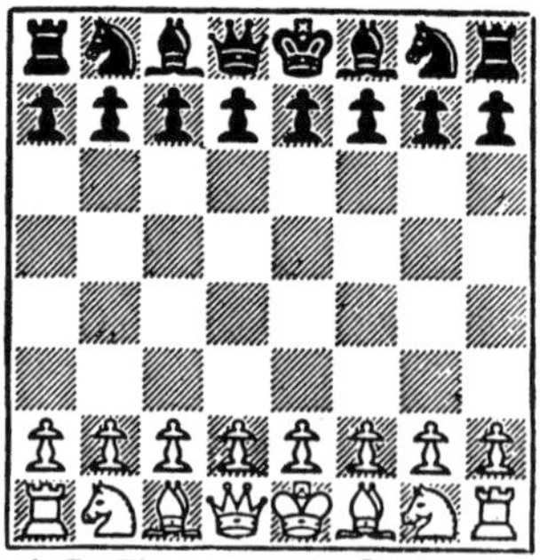

185 *A partida começa:*

1.P4R P3BD
2.P4D P4D
3.C3BD PxP

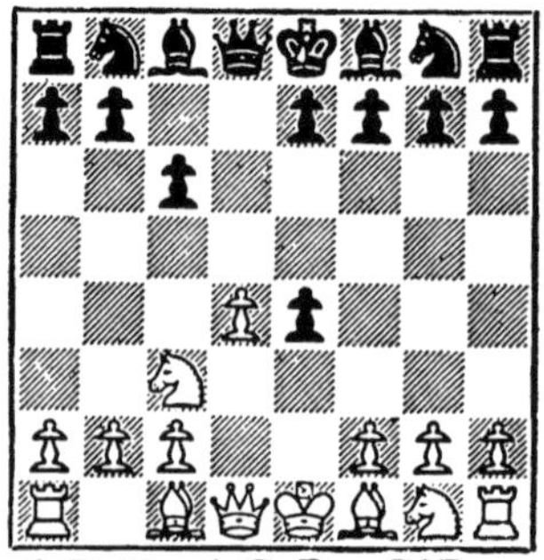

186 *4.CxP C3B*
5.C3C P4TR

Agora as brancas devem jogar 6.P4TR para prevenir ... P5T

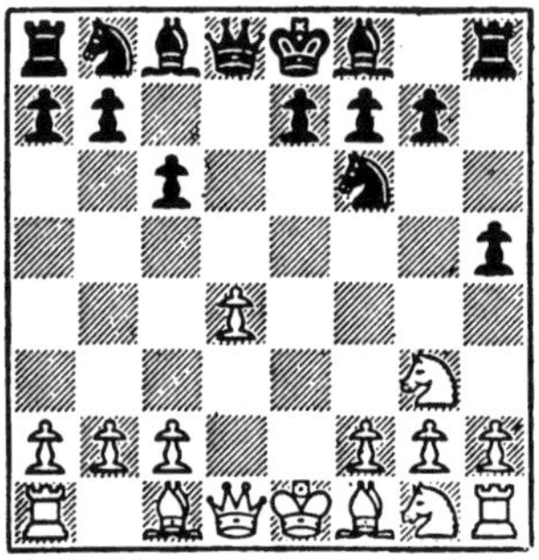

187 *6.B5CR P5T! Um lance embaraçoso para as brancas, pois sendo impossível C5B ou C4R, o C3C – 2R bloqueia as demais peças.*

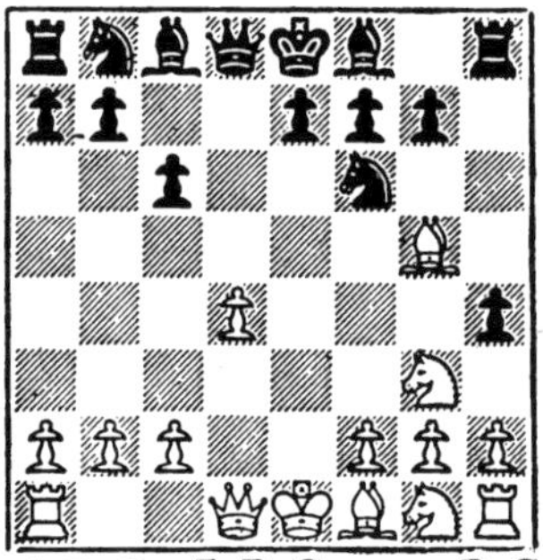

188 *7.BxC PxC*
8.B5R TxP
9.TxT ...

As brancas contam com 9.... PxT; 10.BxPT com igualdade material.

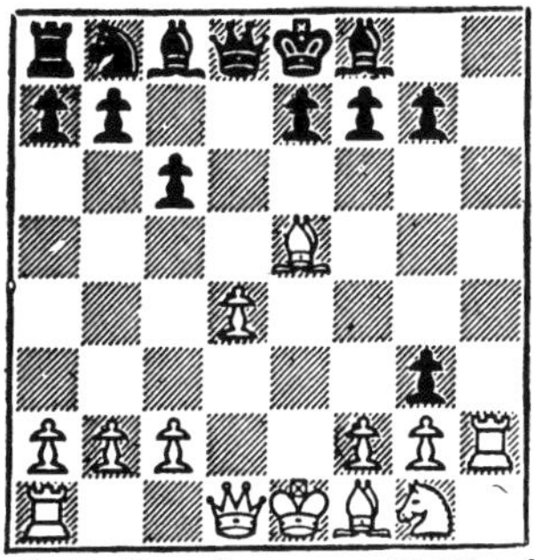

189 *9. . . . . D4T+!*
10.P3B . . . .

As negras planejam surpreendente sacrifício da dama com sutil objetivo.

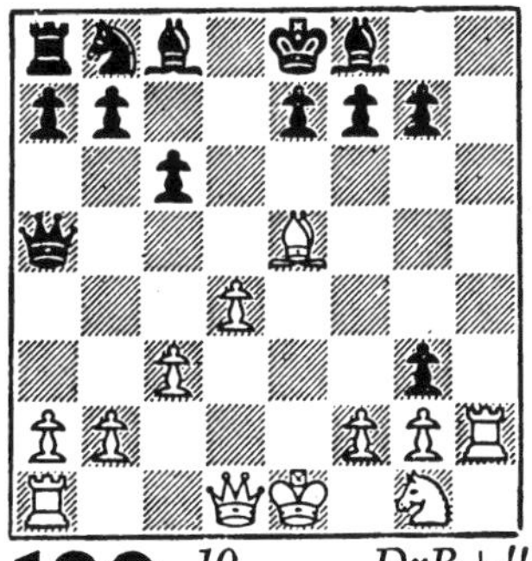

190 *10. . . . DxB+!!*
As negras entregam sua dama pelo bispo; mas irão conseguir uma nova dama – e algo mais!

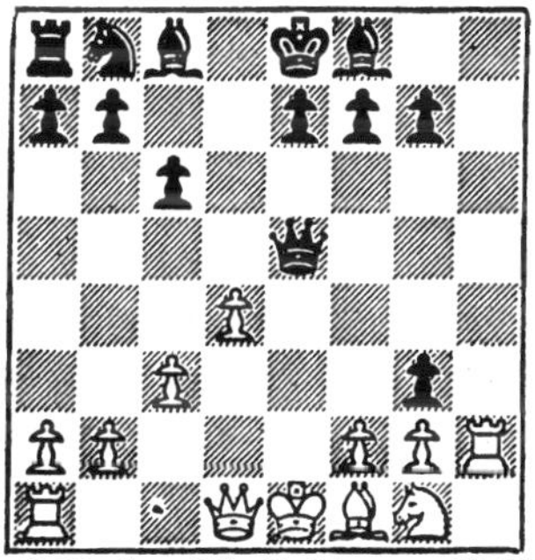

191 *11.PxD PxT*
É enorme a vantagem material das brancas, mas são obrigadas a abandonar! Por quê?

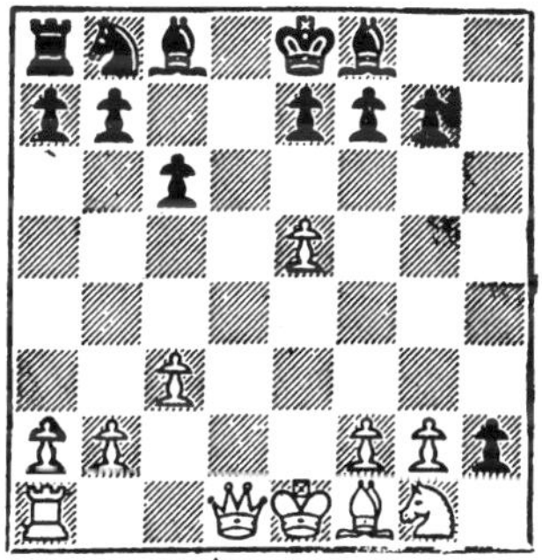

192 *As negras ameaçam 12. . . . PxC =D ou . . . P8T=D. As negras farão nova dama, ficando com vantagem material.*

Capturando em En Passant

A CAPTURA em *en passant* é uma propriedade particular do peão, que a adquire quando, na sua quinta fileira, pode então tomar o peão contrário que por ele passe, em seu duplo avanço inicial. É uma propriedade pouco comum no xadrez atual, mas algumas vezes torna-se importante, e daí a necessidade de se conhecer perfeitamente o seu mecanismo.

A captura em *en passant* é uma opção que deve ser exercida de imediato, assim que o peão contrário avance da segunda para a quarta fileira. A captura só pode ser feita no complemento do lance para as negras, ou no lance seguinte para as brancas, perdendo o direito o jogador que não o *realizar na ocasião.*

Para efetuar esta captura, o peão deve estar em sua quinta fileira. Um peão, localizado em qualquer outra fileira, não pode tomar em *en passant.*

O *en passant* é impraticável se a sua execução expõe o seu rei a xeque. Seria então um lance ilegal.

É interessante recordar a evolução do *en passant.* Cinco ou seis séculos passados, os peões podiam mover-se apenas uma casa em seu avanço inicial. Com isso as partidas eram cerradas, devido ao bloqueio das colunas. Concluiu-se que o jogo poderia melhorar se os peões, em sua primeira movida, pudessem progredir duas casas, liberando ràpidamente as peças maiores e desimpedindo as colunas e diagonais.

Seria porém injusto permitir a um peão escapar de ser capturado pelo seu oponente que o vigia na quinta fileira e, assim, os enxadristas da época concordaram em instituir o *en passant*

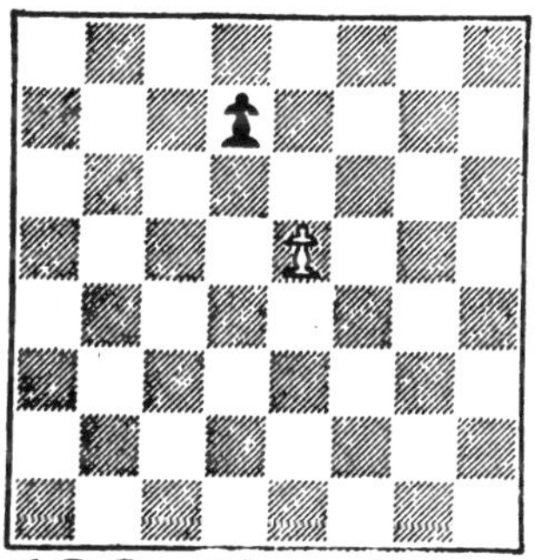

193 *O lance é das negras. Elas avançam seu peão-dama uma casa, conduzindo-o à posição do diagrama seguinte.*

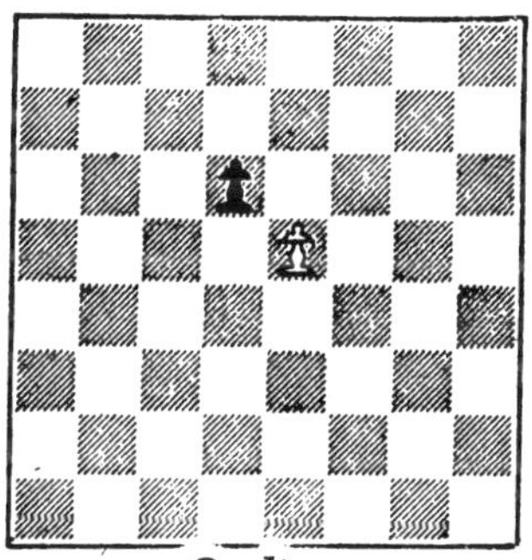

194 *O diagrama nos mostra uma captura normal. As negras avançaram seu peão uma casa somente, e o peão branco pode capturá-lo.*

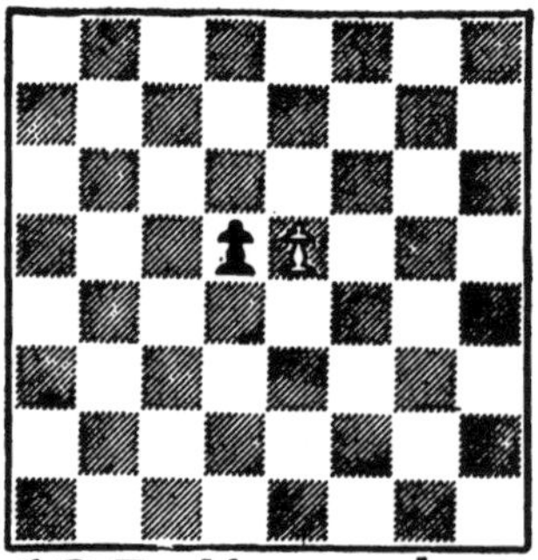

195 *Mas suponhamos que as negras avancem seu peão duas casas, exatamente como nos mostra o diagrama. As brancas podem utilizar o* en passant *jogando PxP, chegando-se à posição seguinte.*

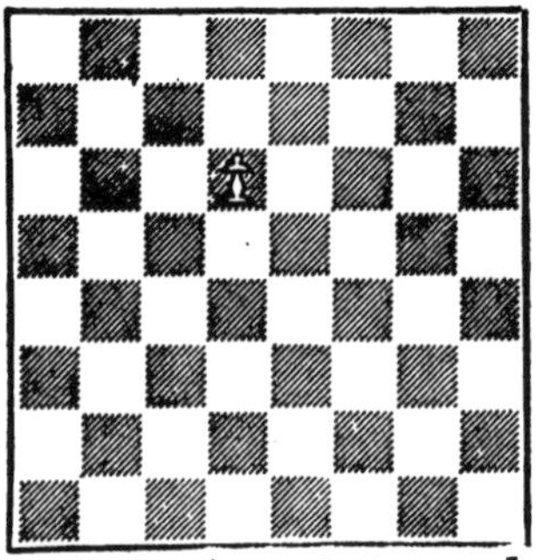

196 *A posição resultante de PxP (e. p.) é a mesma que resultaria da tomada, no caso das negras terem avançado apenas uma casa o seu peão.*

XEQUES-MATE ELEMENTARES

O ESTUDO dos xeques-mate elementares é muito útil aos principiantes, particularmente porque eles nos ensinam a técnica básica para a conclusão vitoriosa das partidas, e permitem um melhor golpe de vista sobre o valor das forças no tabuleiro.

O mate com a dama é o mais simples de todos, em vista do vasto poder dessa peça. A única dificuldade (ocasional) é a *possibilidade de se deixar coagido* (sem lances) o rei adversário!

197 *1.R2B R4D*
2.R3D R4B
3.D6B R4D

As brancas já limitaram a mobilidade do rei negro a uma considerável extensão.

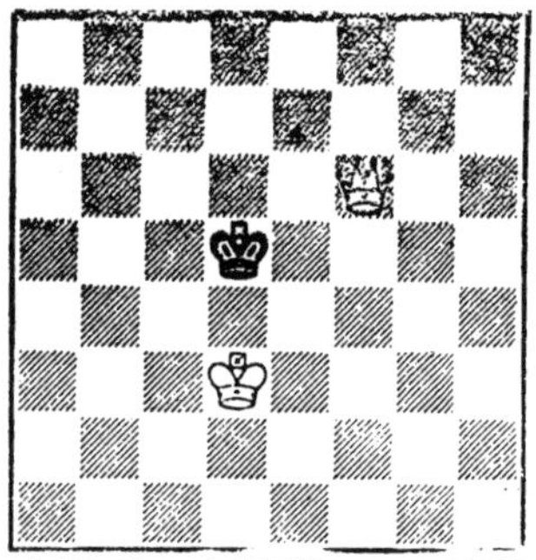

198 *4.D7R R3B*
5.R4B R3C
6.D7D R3T

Finalmente, o rei das negras foi levado para um dos lados do tabuleiro.

199 *7.R5B R4T*
8.D7T mate

(Outro mate seria 8.D5C.)

200 *Isto é xeque-mate, porque o rei negro está em xeque e não tem casa para se mover.*

O mate com a torre é mais demorado — justamente porque, como sabemos, o seu poder é inferior ao da dama. De um modo geral, o processo é o mesmo: primeiro, a aproximação do rei mais forte, *seguido de lances estratégicos da torre, que limitem cada vez mais a área do tabuleiro disponível para o rei contrário.*

Como a torre não tem ação segundo as diagonais, o rei mais fraco tem maiores possibilidades de escape. Mas uma manobra hábil de rei e torre força o mate por intermédio de um processo eficaz que merece cuidadoso estudo.

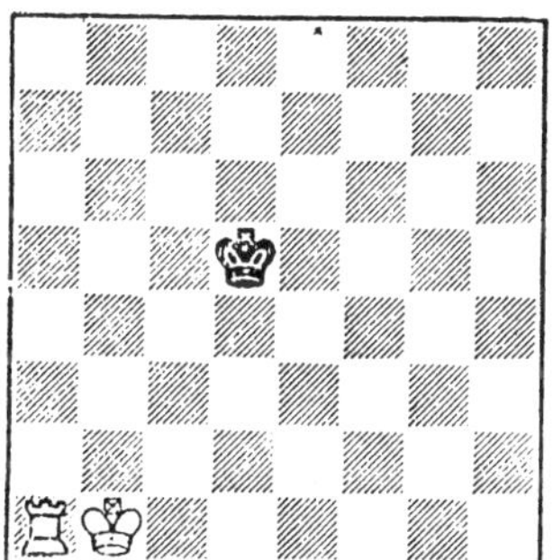

201

1.R2C	*R5D*
2.R2B	*R5R*
3.R3B	*R4R*
4.R4B	*R5R*
5.T1R+!	*R4B*

O rei negro não tem mais acesso a cinco colunas. O processo agora continua.

202

6.R4D	*R5B*
7.T1B+!	*R4C*
8.R4R	*R3C*
9.R5R	*R4C*
10.T1C+!	*R4T*

O rei negro foi compelido para um dos lados do tabuleiro.

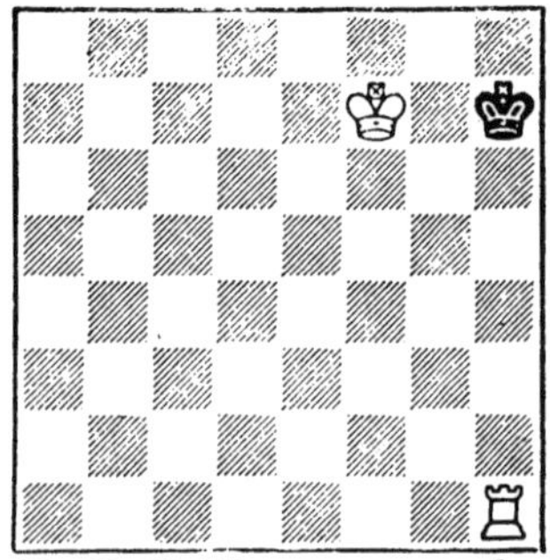

203 *11.R4B R3T*
12.R5B R2T
13.R6B R1T
14.R7B R2T
15.T1T mate.

204 *Novamente chegamos a uma posição de xeque-mate: o rei das negras está em xeque e não tem casa de escape.*

O mate com dois bispos é mais difícil; mas a cooperação dos dois bispos constitui algo de belo.

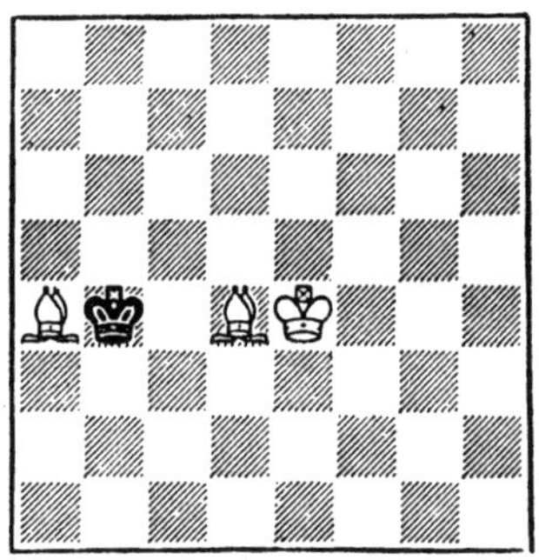

205 *1.B1R R6D*
2.R2C R7R
3.B2BR R6D
4.R3B R6B
5.R4R R5B
6.B4D R5C

O rei negro está sendo compelido para 1TD.

206 *7.B1D R5B*
8.B2BD R5C
9.R5D R4C
10.B5BD R3T
11.R6B R4T
12.B6D R3T

O rei negro está sendo forçado para trás.

207 *13.B4C R2T*
14.R7B R3T
15.B3D+ R2T
16.B5B+ R1T
17.B4R mate

O mate com dois bispos somente pode ser dado em um canto.

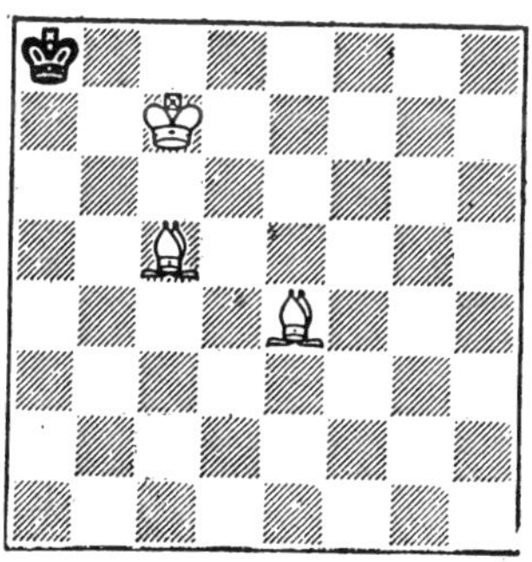

208 *Esta é uma posição clara de mate. O rei negro está em xeque e não tem lance legal para escapar. Agindo em conjunto, o par de bispos tem acesso a todas as 64 casas do tabuleiro, tornando possível o mate.*

O mate com bispo e cavalo é bem mais difícil, mas tem seu encanto por ser rigorosamente sistemático.

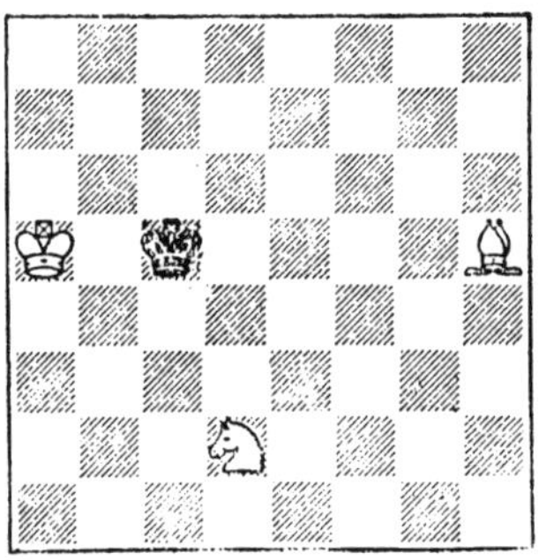

209

1.C3C+	*R3B*
2.R4C	*R4D*
3.B3B+	*R3D*
4.C4D	*R4R*
5.R4B	*R3B*
6.R5D	*R2B*
7.C5B	*R3B*
8.C6D	*R3C*
9.R5R	*R2C*
10.B4R	*R1C*

210

11.R6B	*R1T*
12.C7B+	*R1C*
13.B5B	*R1B*
14.B7T	*R1R*
15.C5R	*R1B*
16.C7D+	*R1R*
17.R6R	*R1D*
18.R6D	*R1R*
19.B6C+!	*R1D*
20.B5T	*R1B*

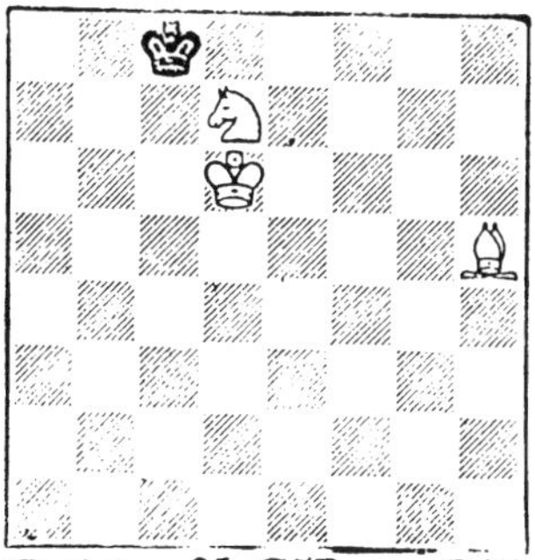

211

21.C5B	R1D
22.C7C+	R1B
23.R6B	R1C
24.R6C	R1B
25.B4C+	R1C
26.B5B	R1T
27.C5B	R1C
28.C6T+	R1T
29.B4R mate	

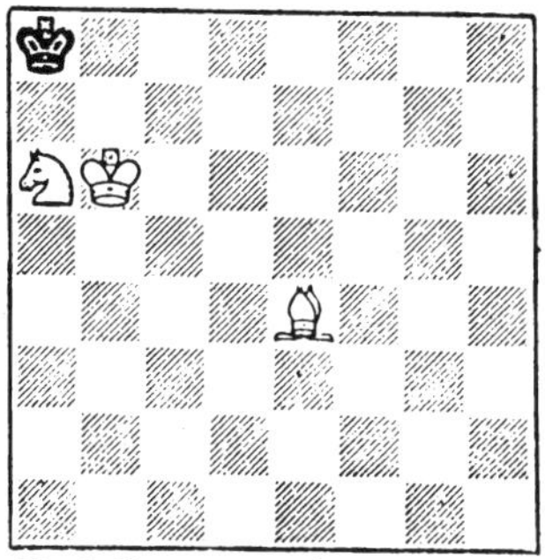

212 *Esta é uma posição de mate, pois o rei das negras está em xeque e não tem lance legal de escape. O processo do mate tem dois estágios: condução do rei para um dos lados do tabuleiro e depois, para o canto onde o mate é efetuado.*

O mate deve ser executado com o rei num *canto de casa de cor idêntica à do bispo contrário.* A execução do mate é tarefa difícil mesmo para um forte jogador; mas felizmente, este tipo de mate é muito raro.

A despeito, e talvez devido a essa dificuldade, o mate com bispo e cavalo mereça especial estudo. Muitos mestres e professores têm insistentemente recomendado realizar repetidos exercícios com este tipo de mate, por causa dos instrutivos ensinamentos que revela, sobre o poder cooperativo das peças. A caça ao rei isolado apresenta os atrativos de um palpitante "suspense"!

No início dos exercícios, o leitor verificará não ser fácil impedir que a presa escape; a exatidão virá com a prática. Este mate exigirá em média 30 lances para ser concretizado e 50 para o seu limite!

BELOS ASPECTOS TÁTICOS

O XADREZ é um jogo em que é vital a habilidade no ataque e na defesa. Além disso, é importante conhecer perfeitamente as trocas, as ameaças e os métodos táticos.

As Trocas

A SUPERIORIDADE material é um dos recursos básicos para o ganho da partida. Devemos procurar obter alguma vantagem em cada troca realizada.

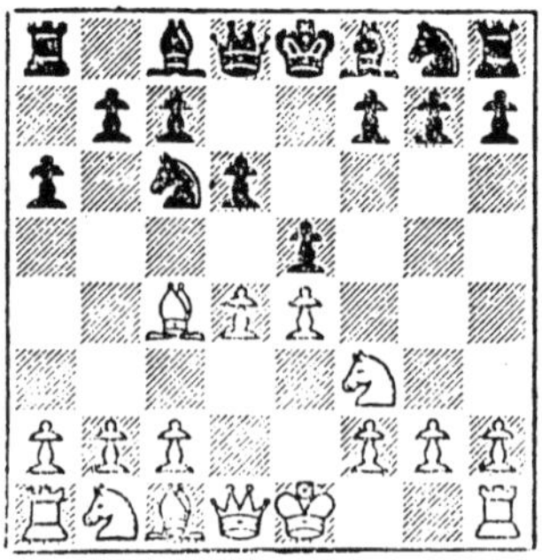

213 *1.PxP PxP*
O material ainda é o mesmo. Cada jogador ganhou (e perdeu) um peão.

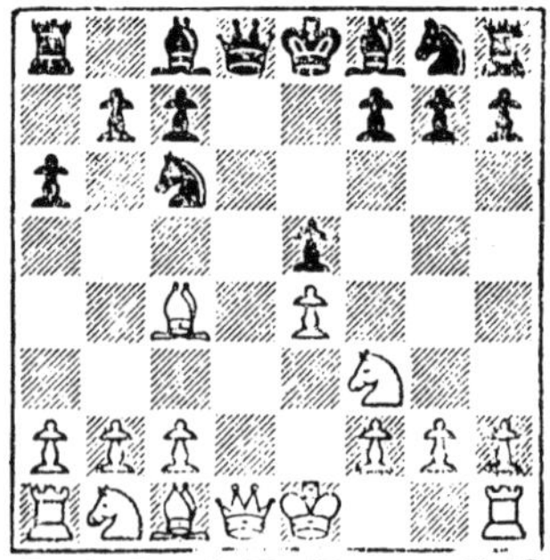

214 *2.DxD+ CxD*
Agora as brancas ganham um peão com 3. CxP. (Se 2.... RxD; 3. BxPB ganham um peão.)

No Diagrama 215 apresentamos o seguimento incorreto e no Diagrama 216 o exato:

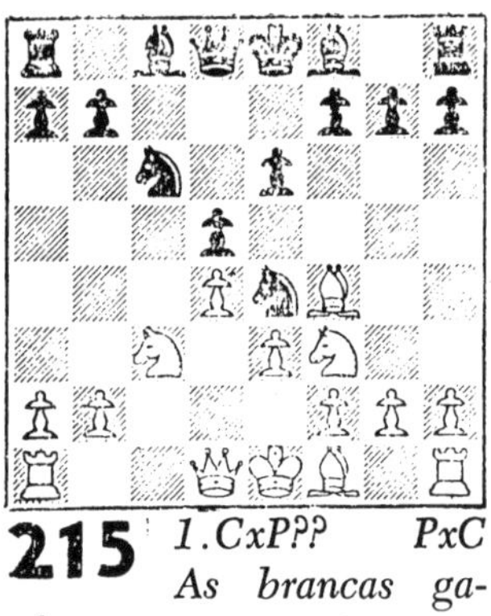

215 *1.CxP?? PxC*
As brancas ganharam um peão, mas perderam o cavalo, que é muito mais valioso.

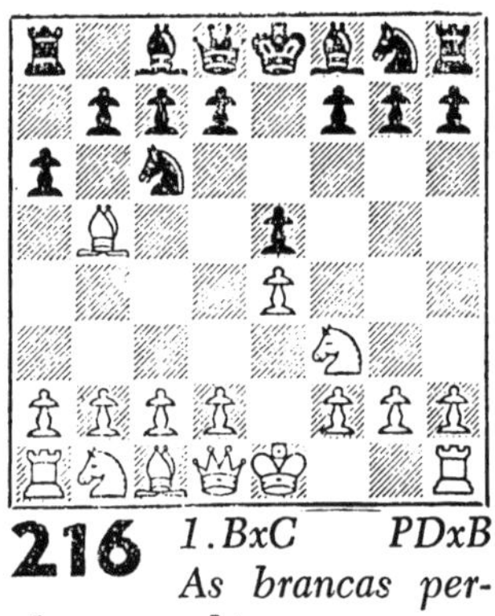

216 *1.BxC PDxB*
As brancas perderam o bispo, mas ganharam o cavalo (troca equilibrada).

As Ameaças

Ameaças são os meios pelos quais as idéias táticas são concretizadas. As ameaças são mais fortes quando visam simultaneamente dois objetivos, ou quando reúnem mais forças de ataque do que as que o oponente pode reunir para a defesa.

A técnica da preparação e execução das ameaças é a mais variada possível. Uma forma bastante comum é a *cravação,* que mostramos nos Diagramas 217-222. Outra forma interessante de ameaça (o Skewer) é mostrada no Diagrama 220. Os xeques duplos também são muito úteis como ameaça. Os Diagramas 223-232 ilustram alguns exemplos, bastante simples.

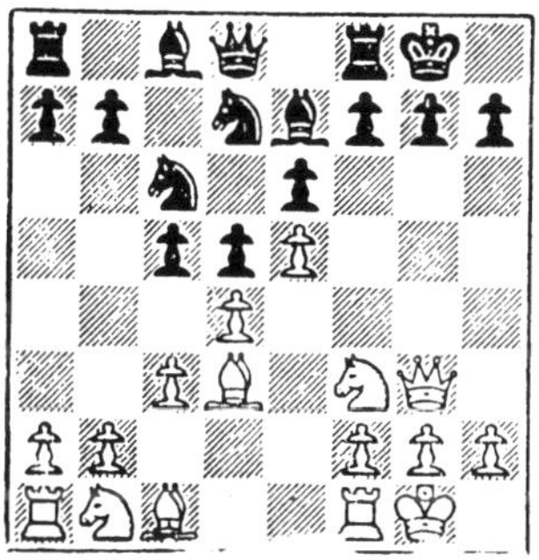

217 *1.B6TR P3CR As negras não têm escolha: estão sob ameaça de mate e seu PCR está cravado.* *

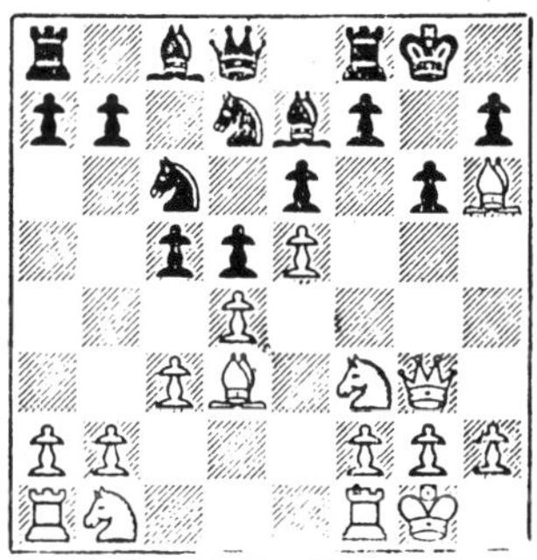

218 *2.BxT BxB. As brancas ganharam a qualidade (torre por bispo ou cavalo).* **

* Diz-se que a peça A crava a peça B quando a peça B não se pode mover por medo de expor uma peça mais importante ao ataque. Se o rei é a peça cravada, torna-se ilegal movê-la (ver Diagrama 221).

** Como a torre vale mais que o bispo ou cavalo, o ganho da qualidade é normalmente uma troca vantajosa.

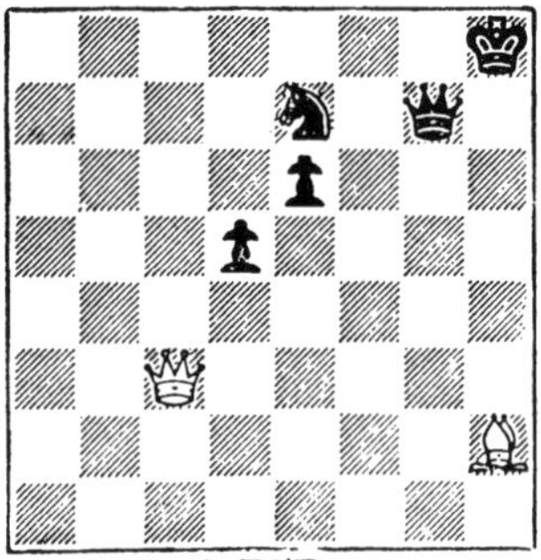

219 *1.B5R ....*
Este lance crava a dama negra por intermédio de um simples bispo.

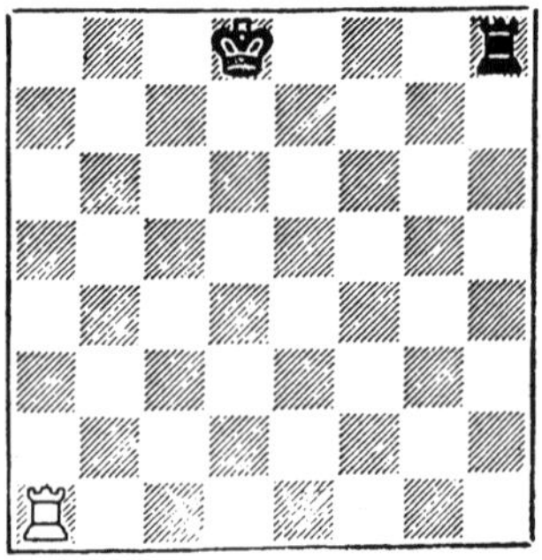

220 *1.T8T+ ....*
Como o rei das negras tem que abandonar a oitava fileira, tomba a torre.

221 *O cavalo negro de 3BD está cravado, pois ele cobre o rei do ataque do bispo das brancas de 5CD. Seria ilegal mover o cavalo de 3BD.*

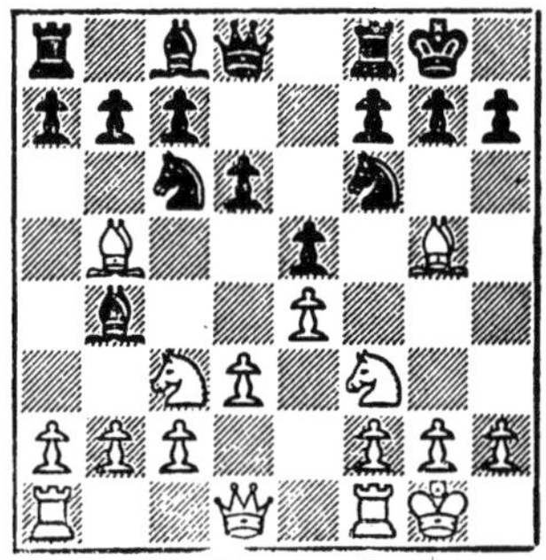

222 *O cavalo negro de 3BR está cravado, pois cobre a dama do ataque do bispo das brancas de 5CR. O lance de cavalo seria legal, mas completamente desaconselhável, porque entregaria a dama por um bispo.* *

---

* As negras não podem deixar perder sua dama por um único bispo.

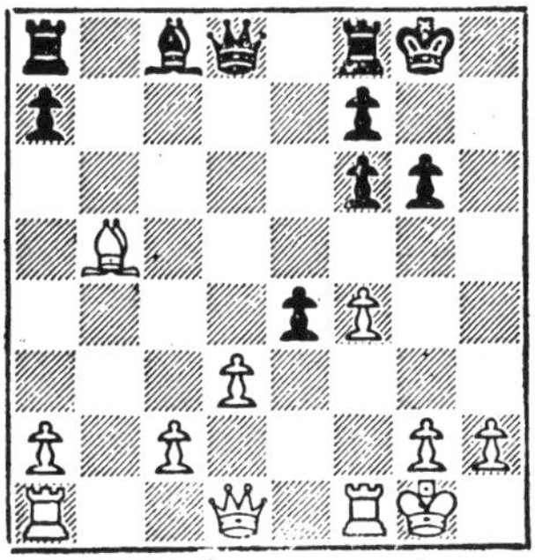

223 *As negras jogam ... D3C+, atacando o bispo ao mesmo tempo.*

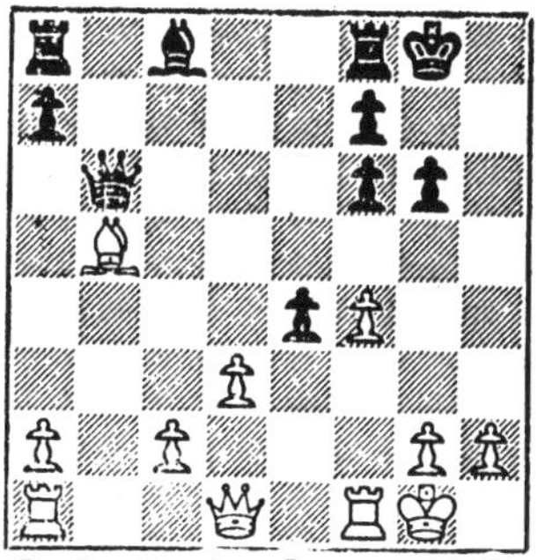

224 *As brancas devem sair do xeque e com isso deixam seu bispo.*

A dama branca em 4R ameaça mate com D x PTR e ao mesmo tempo ameaça a torre negra de 1TD. As negras têm que defender o mate e assim permitir a captura de sua torre.

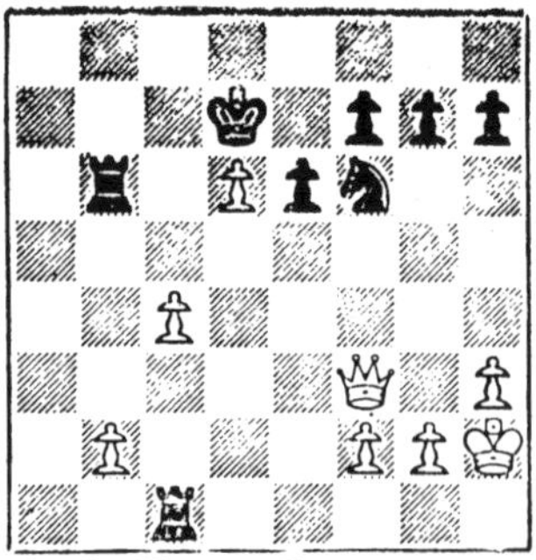

225 *As brancas jogam D3R, atacando ambas as torres, que estão desprotegidas.*

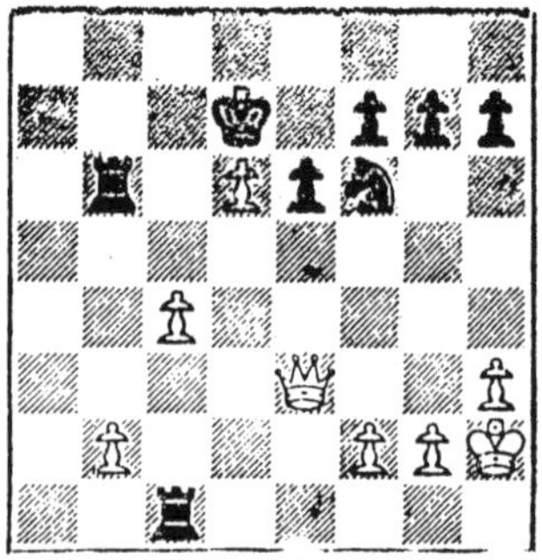

226 *As brancas devem perder uma torre; pois as torres não se podem apoiar mutuamente.*

A dama negra está protegida pelo seu rei. Mas as brancas jogam BxPTR +, forçando o rei negro a abandonar sua dama. Após 1.... RxB segue-se 2.DxD e as brancas ganham a dama por um bispo.

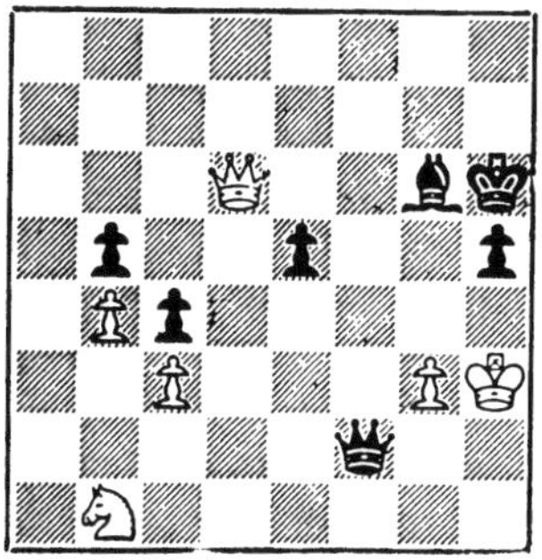

227 *As negras não podem jogar ... BxC porque seu bispo está cravado. Assim jogam ... D8B+.*

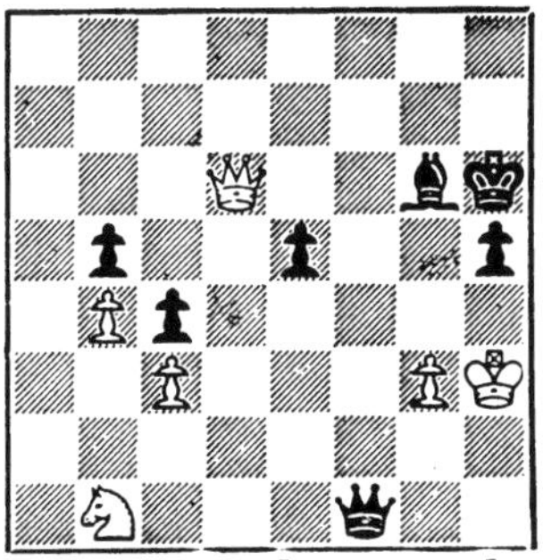

228 *As brancas devem mover seu rei, após o que, as negras continuam ... DxC, ganhando uma peça.*

229 *As negras ganham uma peça por meio de uma combinação de ataque direto e ataque "descoberto". O lance chave é ... PxP.*

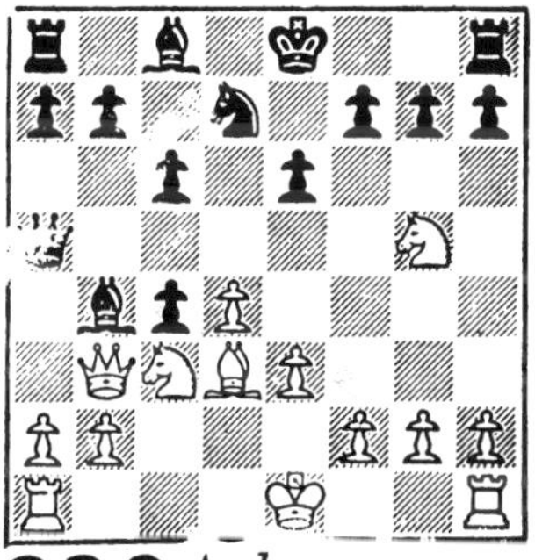

230 *A dama e o cavalo de 5CR estão ameaçados! Se 2.Bx PB, BxC + e 3.... DxC.*

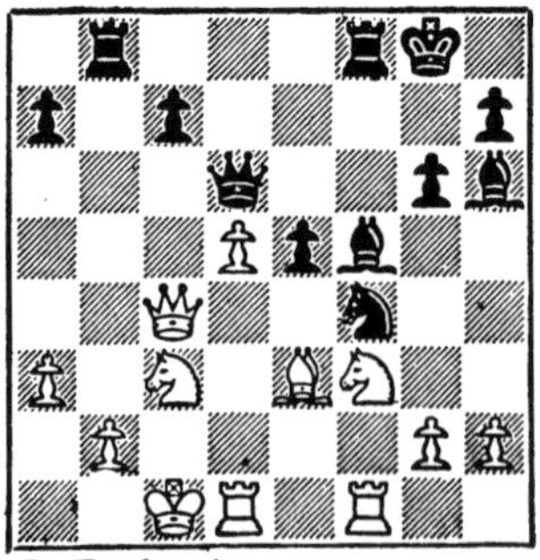

231 *As negras ganham por meio de um lance surpreendente: 1.... D3C!!! ameaçando ... DxP mate e atacando o bispo das brancas. Ambas as ameaças não podem ser aparadas, assim as brancas jogam 2.BxD. O que virá agora?*

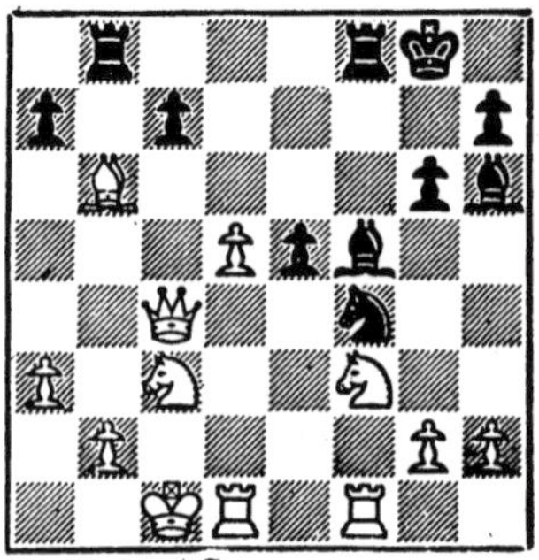

232 *Segue-se o surpreendente objetivo do notável sacrifício da dama: 2.... C7R mate! O rei recebe xeque duas vezes (observe-se o bispo negro em 3TR) e desta forma está liquidado.*

Os exemplos dos Diagramas 217-232 dão-nos uma excelente idéia dos lances que podem completar as cravações e os duplos xeques. A seguir, passaremos a outras formas mais complexas de jogo tático, que algumas vezes chegam a requerer quatro diagramas para uma completa explicação. Cuidadoso estudo destes exemplos melhorarão enormemente o jogo e permitirão encontrar maior encanto nas partidas.

Ataque e Defesa

É SEMPRE fascinante observar o entrejogo de ataque e defesa no xadrez. Vivacidade, previsão e precisão, tudo tem seu papel na partida de xadrez. No Diagrama 233, o campeão dos Estados Unidos tinha as negras e sucumbiu ante um elementar estratagema de empate. Podemos dizer "Elementar, meu caro Watson"*, tudo que apreciamos, mas na realidade nada em xadrez pode ser considerado elementar, porque nada pode ser tomado como definitivo. Realmente, princípios e regras devem ser aceitos, mas o importante é penetrar no âmago da posição e descobrir *o melhor lance,* ainda que surpreendente.

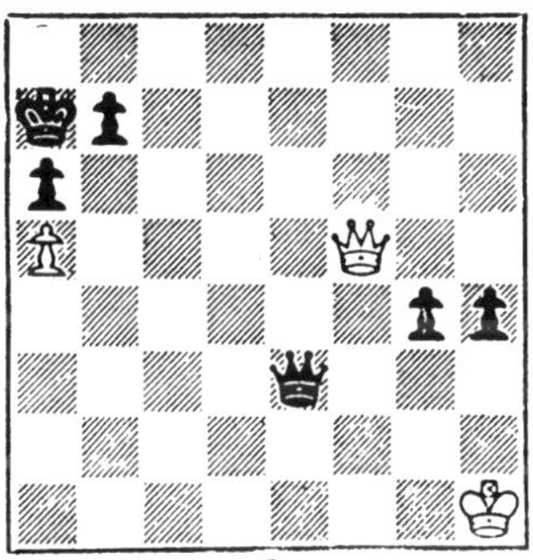

233 *As brancas, com 3 peões a menos, parecem perdidas. Mas conseguem salvar-se com 1.D2BR!!*

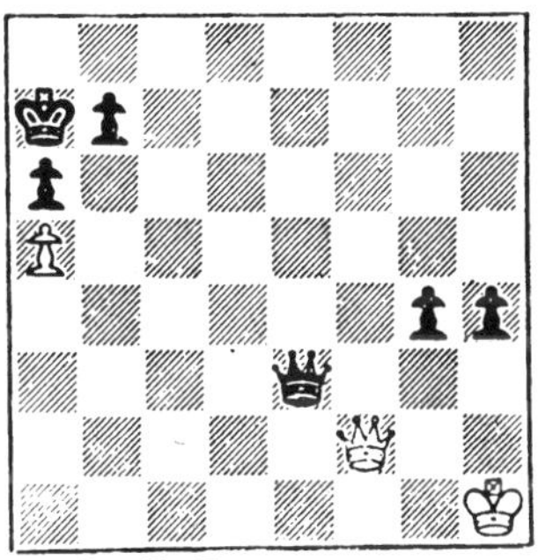

234 *Pois cravam a dama das negras que são forçadas a jogar 2.... DxD, deixando o rei adversário sem lance e portanto decretando o empate!*

---

* Frase empregada freqüentemente por Sherlock Holmes, detetive amador criado por *Sir* Arthur Conan Doyle, escritor inglês (1859-1930). – (Nota do Editor)

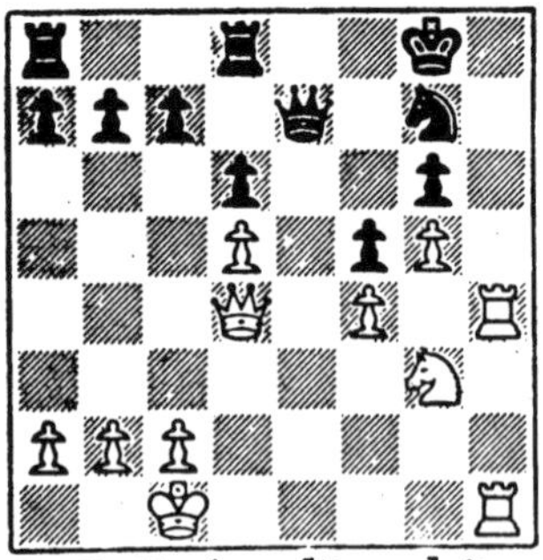

235 *Acredita o leitor, que as brancas possam dar mate em três lances?*
1.T8T+, R2B; 2.DxC+!!

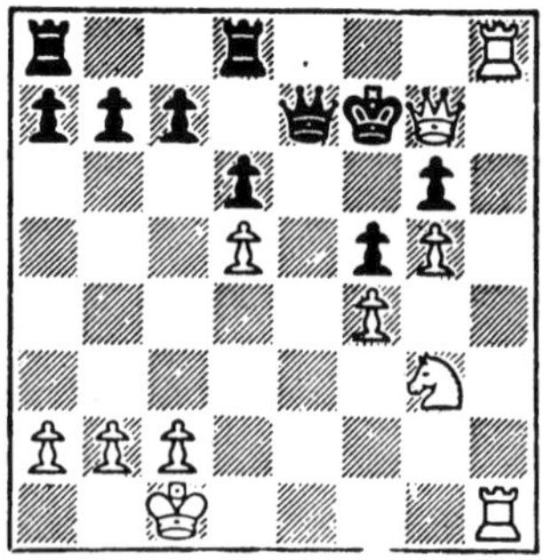

236 *É forçada a resposta das negras em face deste espetacular sacrifício da dama: 2.... RxD. Segue-se 3.T1T – 7T mate!*

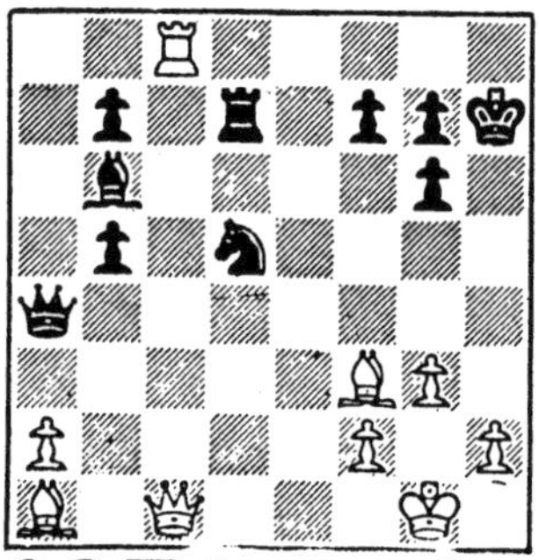

237 *Eis um atordoante exemplo do poder de uma cravação. Novamente, as brancas têm mate em três lances, começando por 1.T8T+!!, RxT; 2.D6T+.*

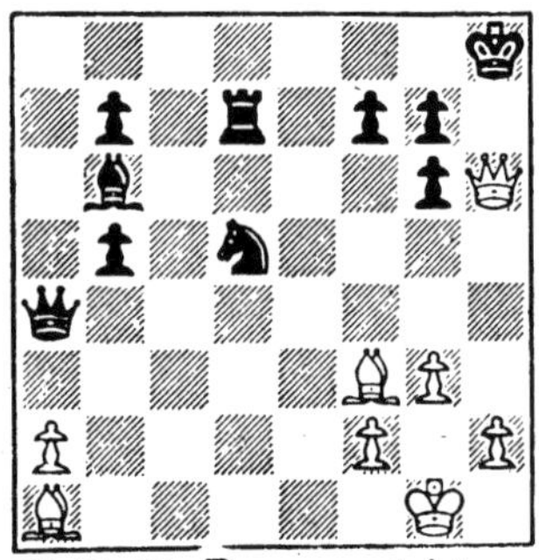

238 *Para sua tristeza, as negras compreendem que não podem capturar a dama contrária (observe-se que o bispo retirou-se modestamente para 1.TD). Assim: 2.... R1C; 3.DxP mate.*

Nas posições seguintes, voltamos a ver notáveis lances-surpresa. Um dos mais notáveis entre eles é o que se encontra nos Diagramas 239-240. Tão simples e tão difícil de ser percebido! É preciso imaginação — e também prática — para vislumbrar lances tão simples e ao mesmo tempo mortais. A partida dos Diagramas 243-246 ilustra o mesmo ponto: a vontade implacável das brancas para atacar determina lances agressivos, que conduzem a irresistíveis ameaças.

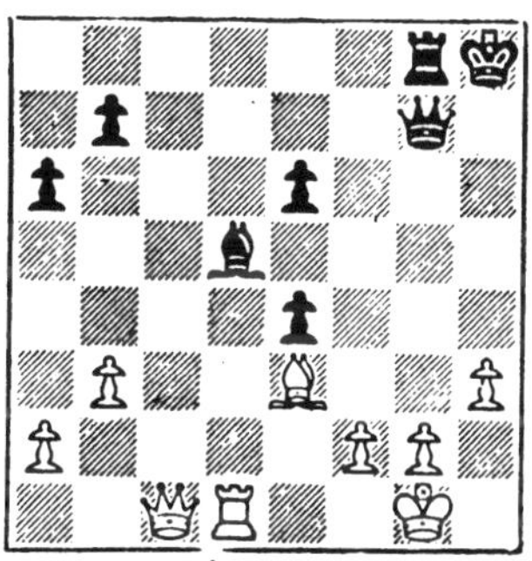

239 *As negras ameaçam ... DxP mate. Apesar da seriedade da ameaça, as brancas não precisam preocupar-se, pois dispõem de 1. B4D!, P4R (a dama está cravada); 2.BxP!! (outra cravada).*

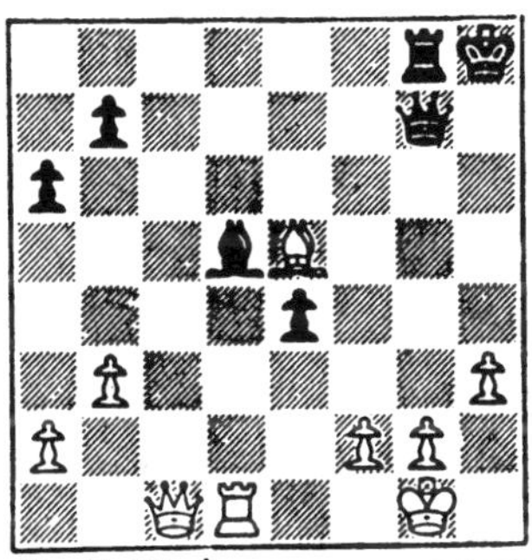

240 *Agora as negras jogam 2.... DxB. Naturalmente não dispunham de coisa melhor. Agora podemos ver a beleza do sacrifício das brancas: 3.D6T mate! A dama das negras estava tão ocupada!*

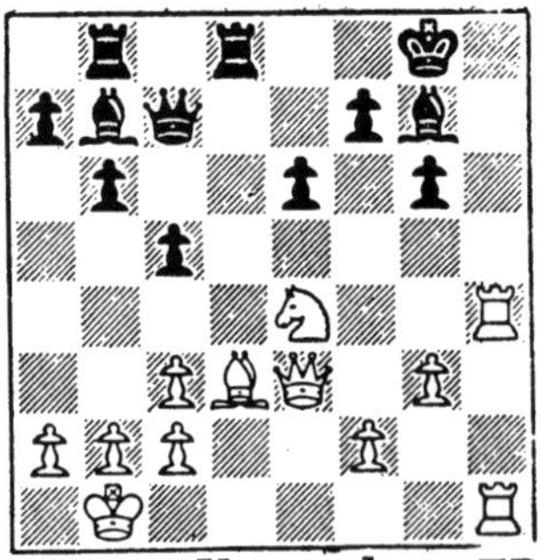

241 *Uma coluna TR aberta constitui sempre uma avenida para o ataque contra o roque inimigo. As brancas provam-no mais uma vez com 1.T8T+!!, BxT; 2. TxB+!, RxT.*

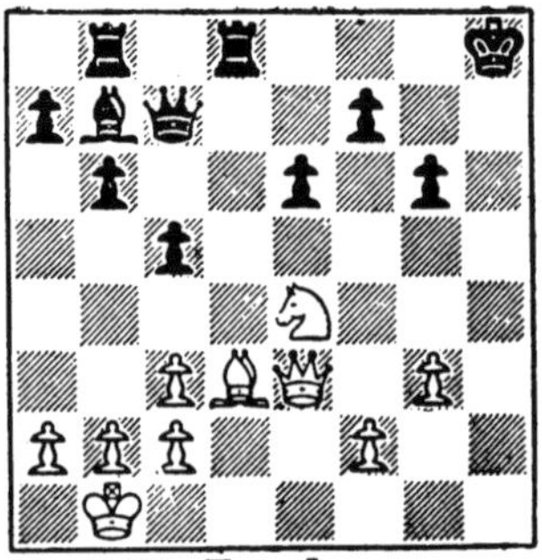

242 *Estudemos agora o diagrama acima. Teria sido correto o sacrifício das brancas? Sim, pois continuam com 3.D6T+, R1C; 4.C6B mate. O rei das negras não tinha apoio defensivo.*

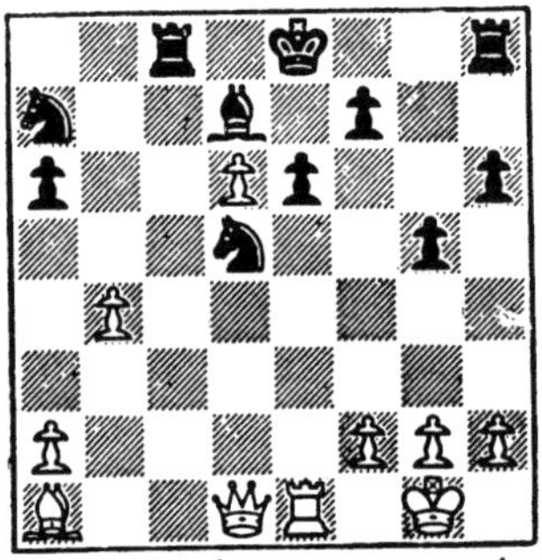

243 *As negras têm três peças pela dama e peão – matematicamente uma vantagem (ver página 44). Mas as brancas ameaçam BxT e também DxC (o PR está cravado). Assim as negras escapam com 1... O-O.*

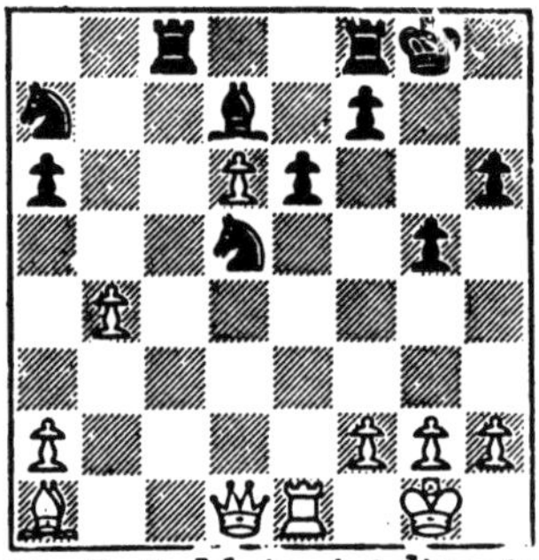

244 *Muito inteligente foi a resposta das negras – ou pelo menos assim parece. Rocando, matarão dois coelhos de uma só cajadada: a torre não está mais atacada e o peão-rei deixou de estar cravado. Mas agora as brancas jogam 2.D4D.*

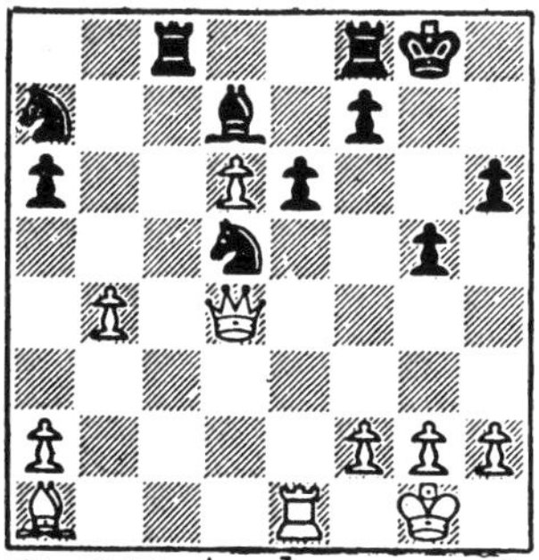

245 *As brancas não somente ameaçam 3.D7C mate, como também atacam o cavalo lá em 7TD. As negras evitam o mate jogando 3.... P3B.*

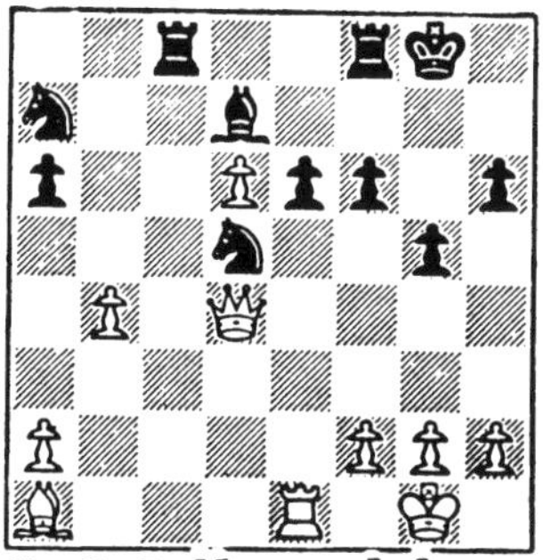

246 *Na verdade, as negras defenderam o mate; mas agora as brancas completam sua ameaça e jogam 4. DxC7T. Um bom exemplo de jogo tático.*

247 *As brancas realizam um lance que parece ridículo: 1. DxT!, que naturalmente será respondido por 1.... PxD.*

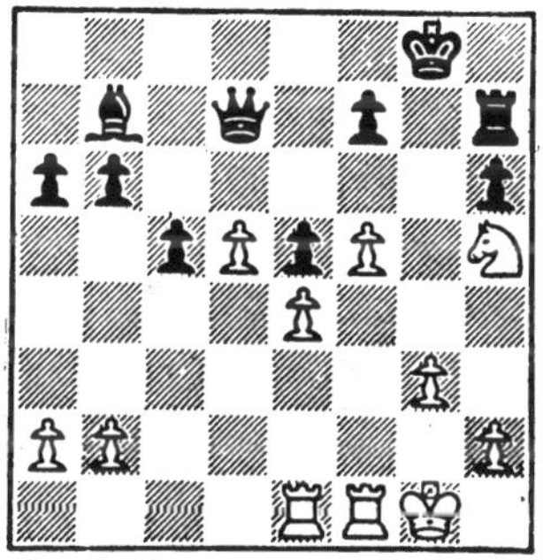

248 *Com 2.C6B+ e 3.CxD, as brancas provam a validade da sua idéia. O sacrifício conduziu ao ganho de uma torre!*

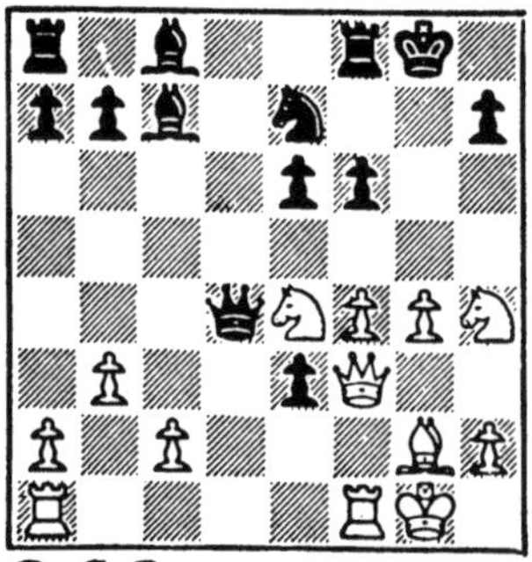

249 *As negras dispõem de um assassino xeque descoberto: 1....P7R+. As brancas têm atacada sua torre de 1BR e não há muita escolha.*

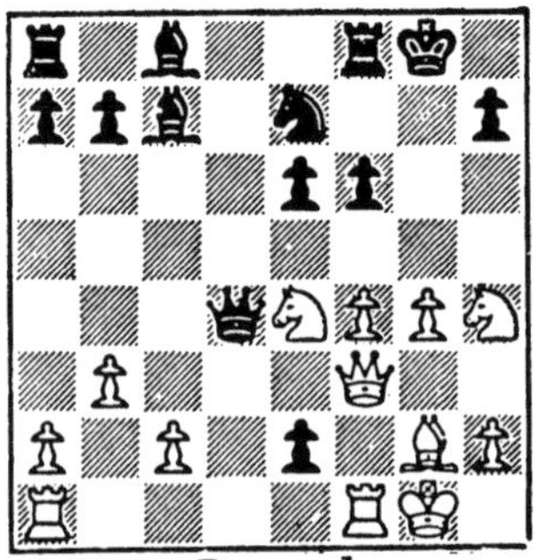

250 *Para salvar a torre atacada, as brancas "devem" jogar 2. T2B. Mas isto permite 2.... DxT8T+ ganhando.*

251 *Uma perfeita disposição para um xeque descoberto, que se efetiva após 1.DxP+!!, BxD.*

252 *Agora as brancas limpam a grande diagonal com 2.P7B+, P4R; 3.BxP mate!*

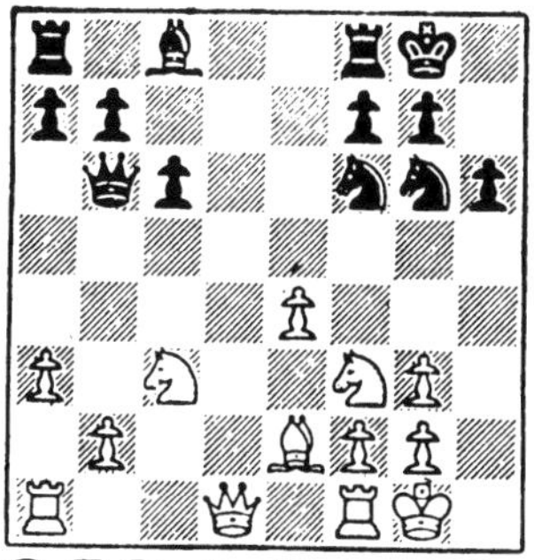

253 *As brancas deixaram seu peão-cavalo-dama desprotegido. Pelo menos assim pareceu às negras, que jogam: 1.... DxPC???*

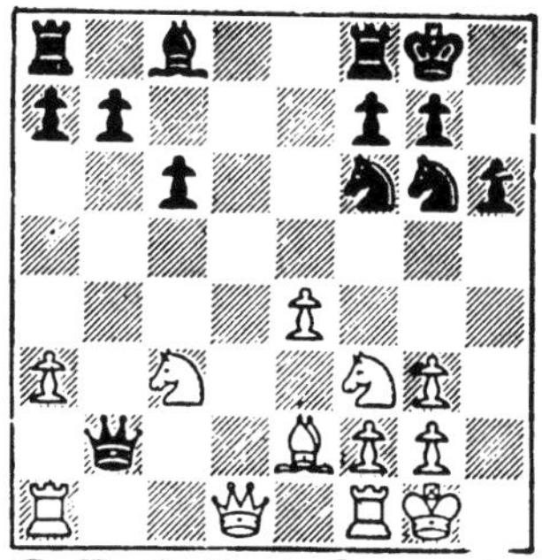

254 *Contudo, o peão-cavalo-dama não passava de uma isca! Agora as brancas jogam 2. C4TD e ganham a dama das negras!*

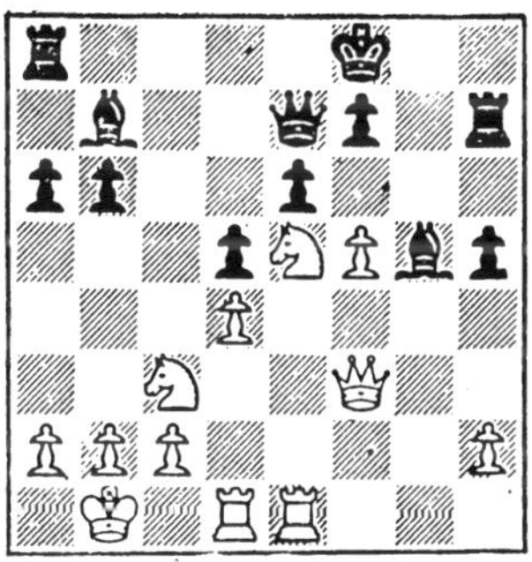

255 *As brancas dão xeque duplo com o cavalo: 1.C6C+!, apesar das negras poderem responder 1.... PxC. Com que idéia?*

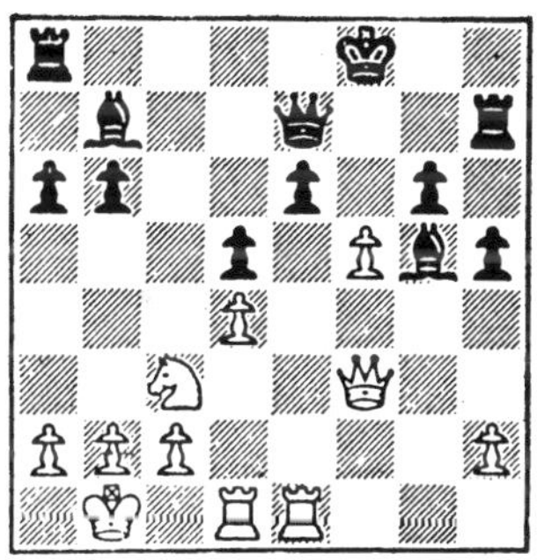

256 *As brancas continuam 2.PxPC+ (xeque descoberto) e ganham a torre, pois 2.... T2B também não resolve.*

257 *O método de ganho da peça, usado pelas brancas, é muito simples e assim, bastante útil aprendê-lo: 1.P3BR!, B4T e agora 2.P4BR!!*

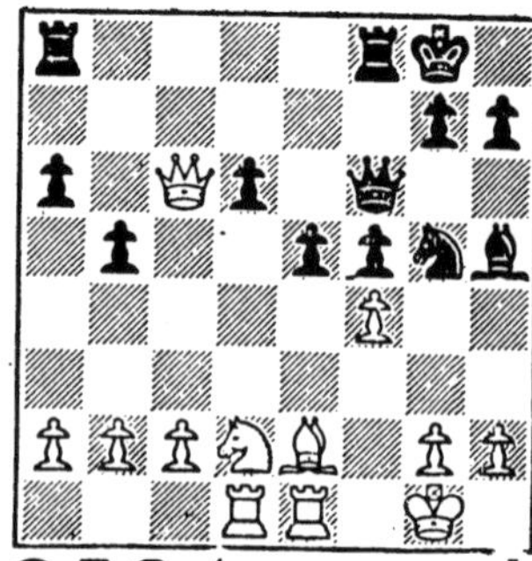

258 *Agora o cavalo negro e o bispo estão atacados. Se 2.... BxB (que mais poderia ser feito?); 3.PxC ganhando uma peça! O bispo das negras não pode mover-se, pois a dama está atacada!*

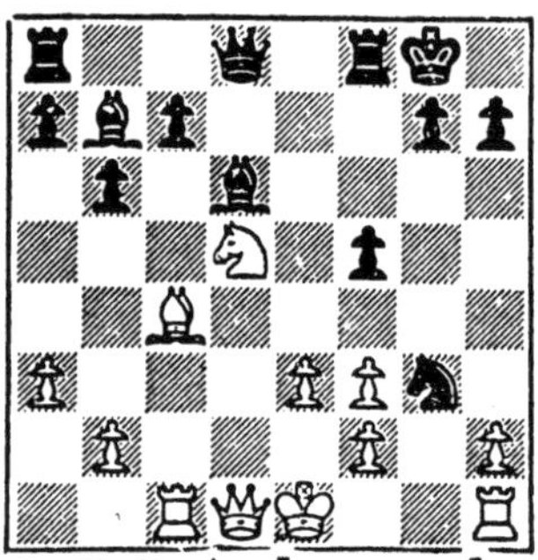

259 *As brancas desprezam PxC e seguem uma linha mais forte: 1.C7R+! (duplo xeque!), R1T; 2.C6C+!*

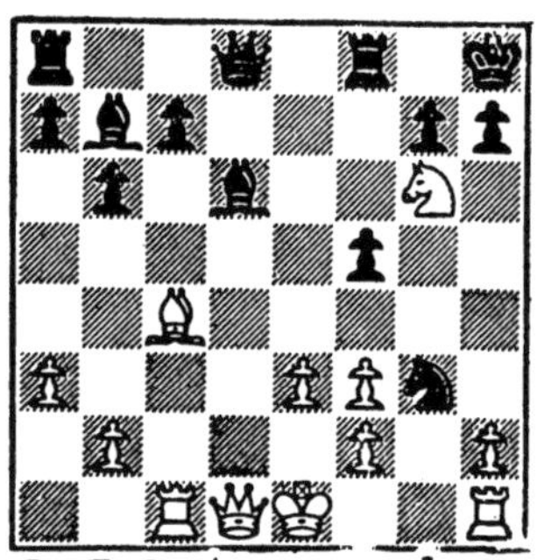

260 *As negras devem jogar 2.... PxC, após o que 3.PTxC+ (xeque descoberto!) conduz a rápido mate!*

O grau de dificuldade nessas posições é realmente espantoso. Por exemplo, o duplo xeque no Diagrama 261 é fácil de se ver e antecipar; o duplo xeque no Diagrama 255 era muito difícil de ser previsto. Em outras palavras, os *temas,* os *métodos,* repetem-se indefinidamente; é na aplicação que diferem, sendo portanto indispensável a prática. Com o progresso, o leitor irá vendo que novas posições relembram outras já encontradas; que idéias utilizadas são suscetíveis de se repetirem — mas sempre perguntando-se: "prevalecerão no caso?"

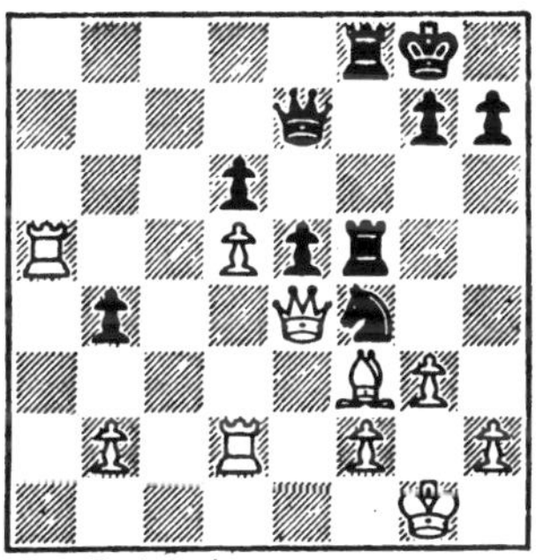

261 *As negras ganham uma peça por meio de um duplo: 1.... C6T+, como lance preparatório.*

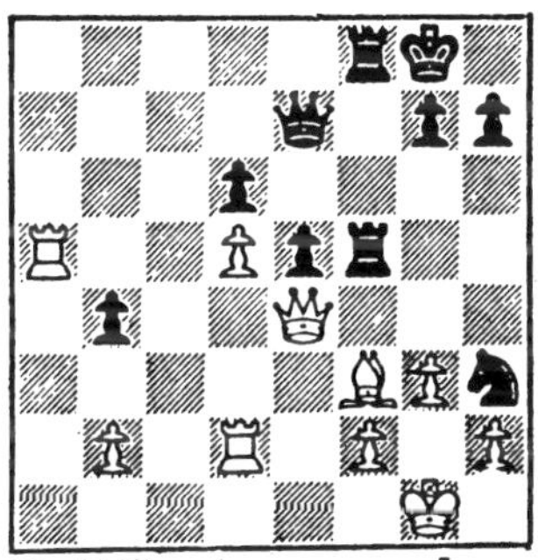

262 *Agora, qualquer que seja o lance das brancas, seguir-se-á 2.... C4C atacando a dama e ganhando o bispo.*

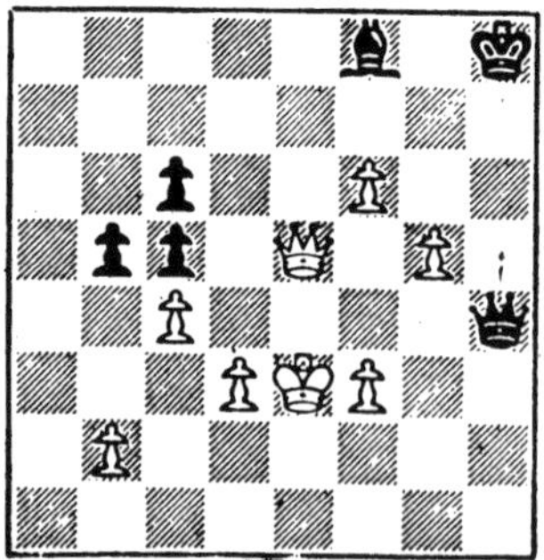

263 *As brancas podem forçar o ganho da dama! 1.P7B+, R2T (1.... B2C permitiria 2.P8B=D+!); 2.D5B+, R1T; 3.D6B+, R2T.*

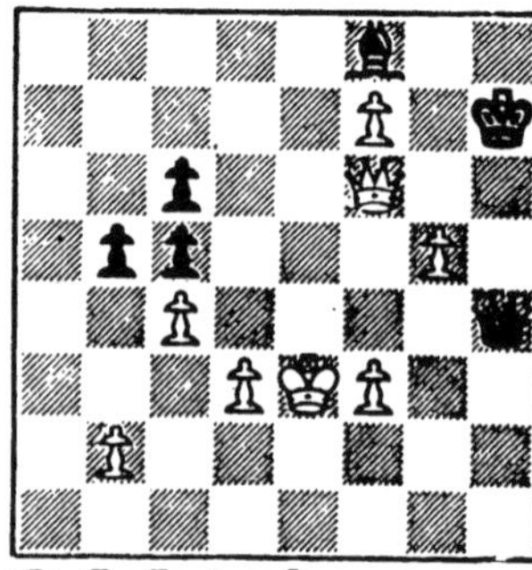

264 *As brancas podem agora ganhar a dama: 4.P6C+ e a dama branca é capturada no lance seguinte! Este exemplo é difícil e exige cuidadoso estudo.*

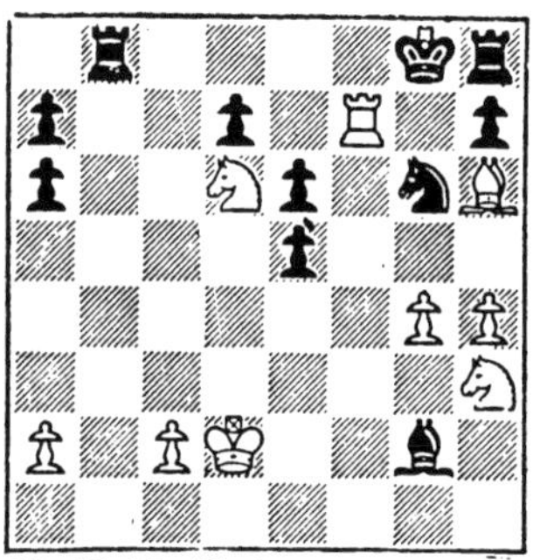

265 *Veja como as brancas operam com um "redemoinho" de xeques: 1.T7C+, R1B; 2.TxPD+ (um xeque descoberto), R1C; 3.R7C+, R1B. Pobre rei negro, nada lhe resta, salvo andar para a frente e para trás.*

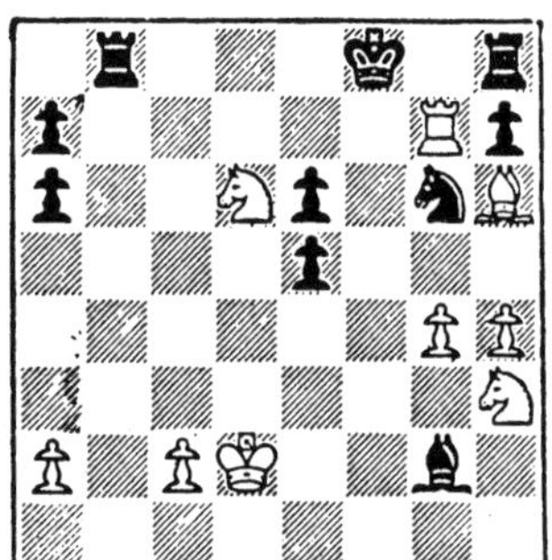

266 *As brancas montaram seu mate: 4.T7CD+, R1C (não há defesa para a torre porque o rei tem que se mover); 5.TxT+, C1B; 6. TxC mate! O rei negro foi apanhado na armadilha!*

Nos Diagramas 267 e 269 apreciamos o desenvolvimento de uma interessante idéia: o xeque descoberto para. capturar a dama contrária. Quando inicialmente apresentamos a idéia do xeque descoberto em sua forma mais simples, não poderíamos sequer imaginar que ela nos levaria a apreciar tão fascinantes manobras.

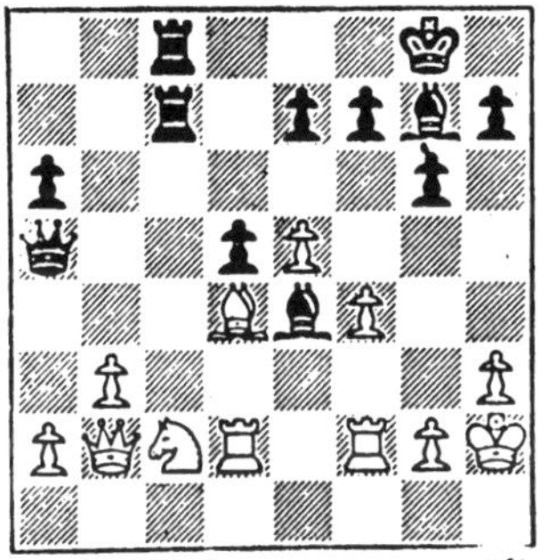

267 *As negras sacrificam a dama com 1.... DxT! e após 2.TxD, TxC; 3.TxT, TxT apanham as brancas no laço. As brancas não devem jogar 4.DxT, porque ficariam com uma peça a menos.*

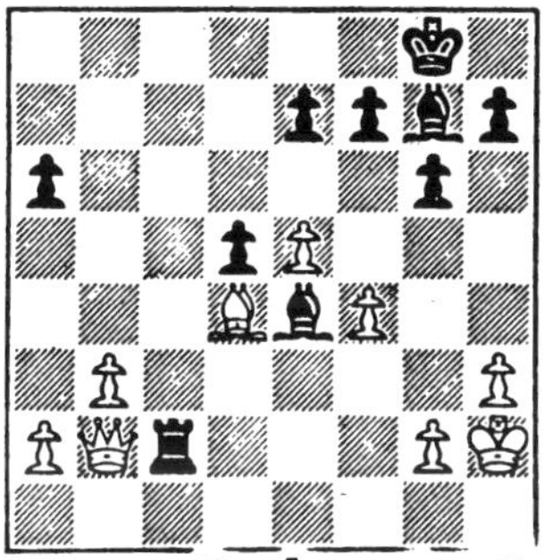

268 *Desde que não se recomenda 4. DxT, as brancas experimentam 4.D3T (se 4. D1C, TxP+ ganha a dama). Mas as negras ainda ganham a dama com: 4.... TxP+; 5.R1T, Tx P+ desc., atacando ao mesmo tempo a dama!*

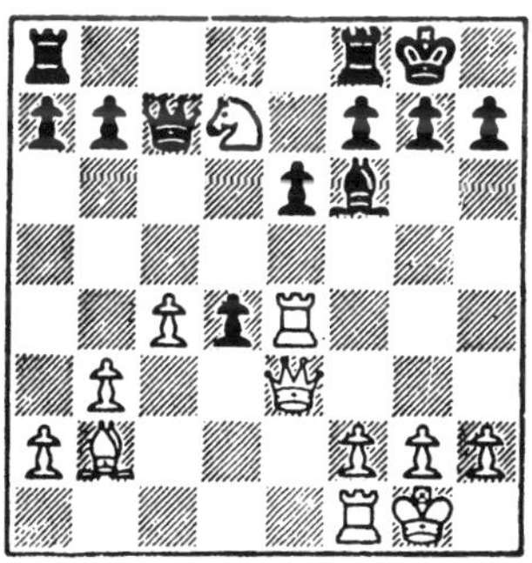

269 *As brancas ofertaram a dama pelo cavalo (que se encontrava em 6R). Aparentemente as negras consideram isto um erro grosseiro, pois continuam calmamente 1.... PxD. E agora? Tudo parece estar contra as brancas.*

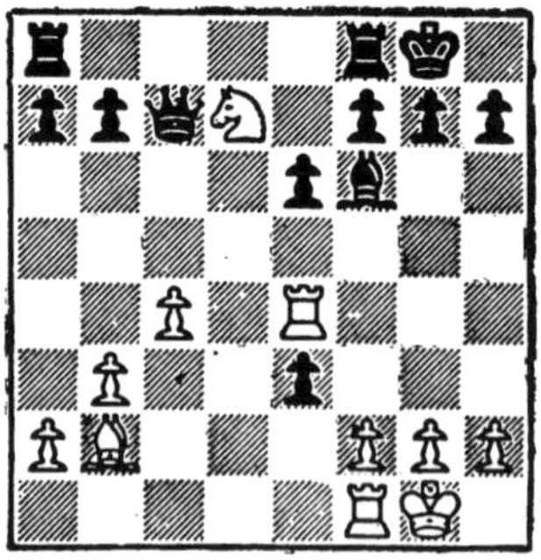

270 *Mas as brancas provam o acerto do sacrifício jogando 2. CxB+ e tardiamente, as negras compreendem que a situação é difícil. (Se 2.... PxC; 3.T4C+, R1T; 4.BxP mate!) O melhor está ainda por vir!*

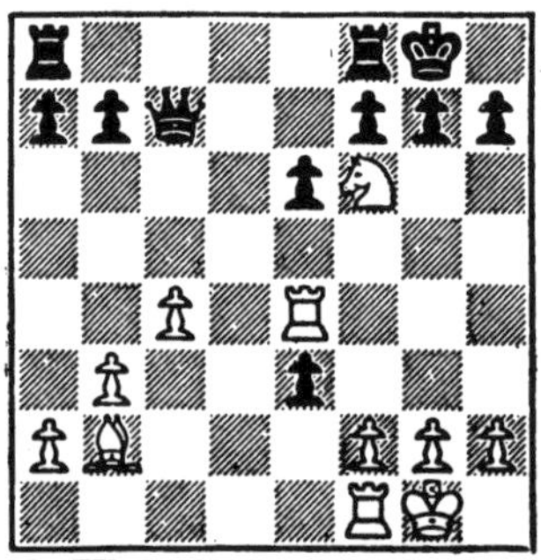

271 *Com muita cautela, as negras jogam 2.... R1T. Mas 3.T4T mantém a surpresa do ataque. (Se 3.... PxC; 4.BxP+, R1C; 5. T4C mate.) Assim as negras jogam prudentemente. 3.... P3TR. Porém nem assim escapam, pois do contrário o sacrifício das brancas teria sido inútil.*

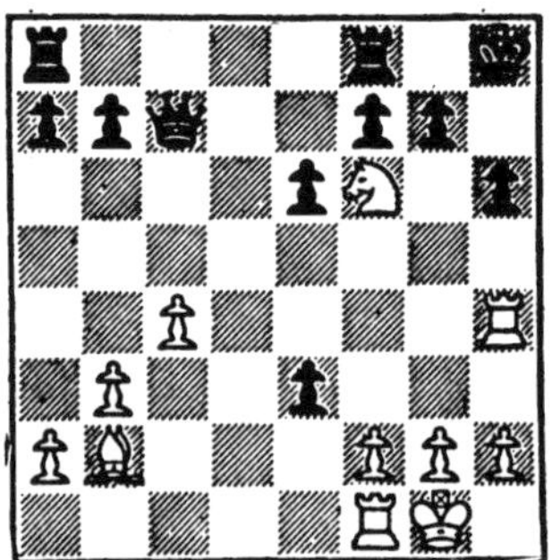

272 *Nova surpresa é acrescentada ao sacrifício inicial: 4.TxP +!!, PxT; 5.C8R+ desc. (atacando a dama), R2T; 6.CxD e com um bispo, cavalo e peão por uma torre, as brancas devem ganhar. Brilhante concepção!*

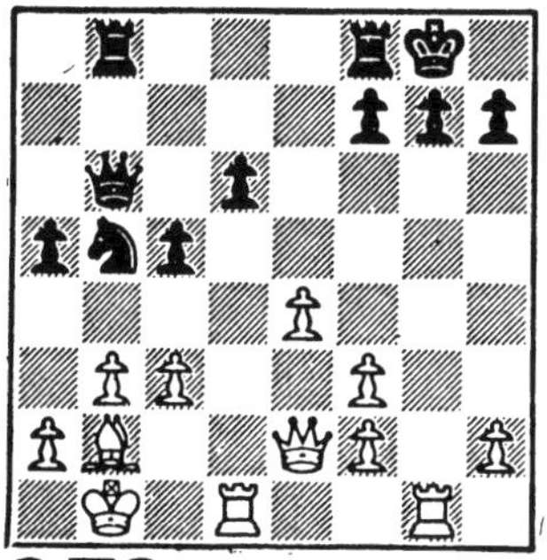

273 *As brancas dominam fortemente a coluna cavalo-rei aberta e desejam a cooperação do bispo na grande diagonal, batendo a vulnerável 7CR. Iniciam com um espantoso lance: 1.DxC!! – espantoso mas lógico.*

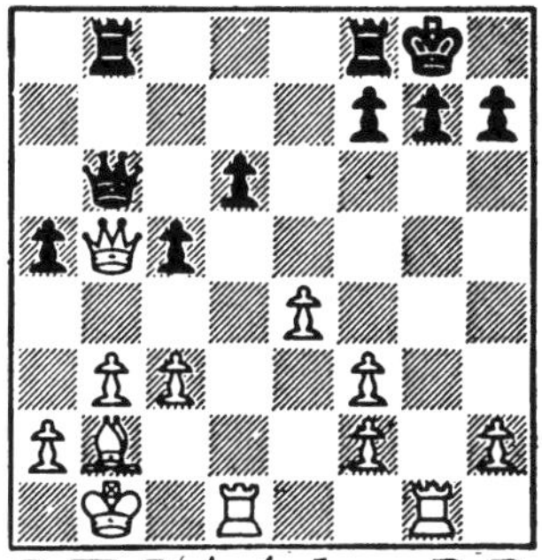

274 *Após 1.... DxD; 2.P4BD cria-se um problema. As negras retiram sua dama evitando inferioridade material decisiva. Agora vejamos a idéia das brancas: 2.... D2D; 3.TxP+, R1T; 4. T8C+!, RxT; 5.T1C+ e mate no próximo lance.*

275 *O jogo das brancas é muito interessante devido à forma com que elas abrem caminho: 1.C6C (ameaçando ganhar a torre), T2T; 2.C3BxB, DxC (forçado); 3.CxB, TxC.*

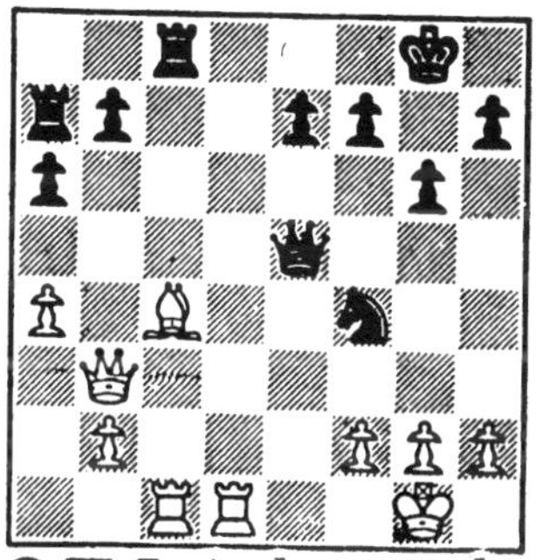

276 *As brancas chegam ao ponto desejado. Ganham por meio de um xeque que envolve um ataque descoberto: 4.BxP+ ganhando a torre em 1BD!*

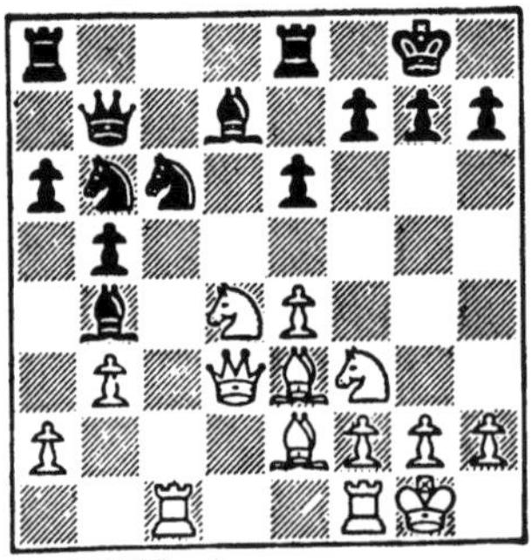

277 *As peças negras se amontoam no lado da dama. Haverá nisso inconveniente? Simplesmente, as brancas podem ganhar uma peça! Iniciam com 1.CxC, BxC; 2.D4D! O "debacle" da confusa situação das peças negras é evidente.*

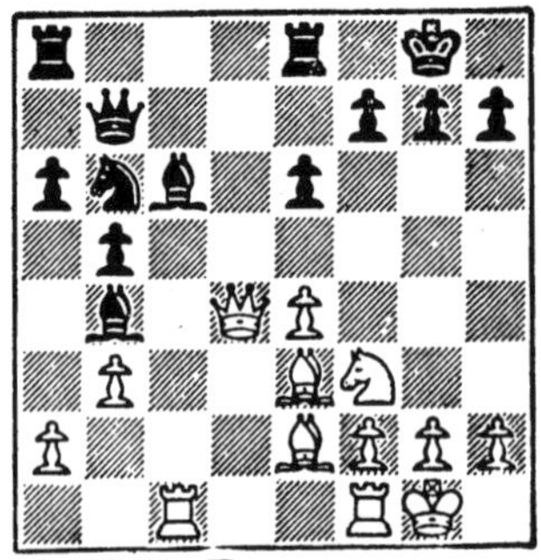

278 *Duas peças estão atacadas. As negras experimentam 2. ... B4T; mas então 3. P4CD!, TR1D; 4.D5B e ganham as brancas uma peça, pois três peças estão atacadas.*

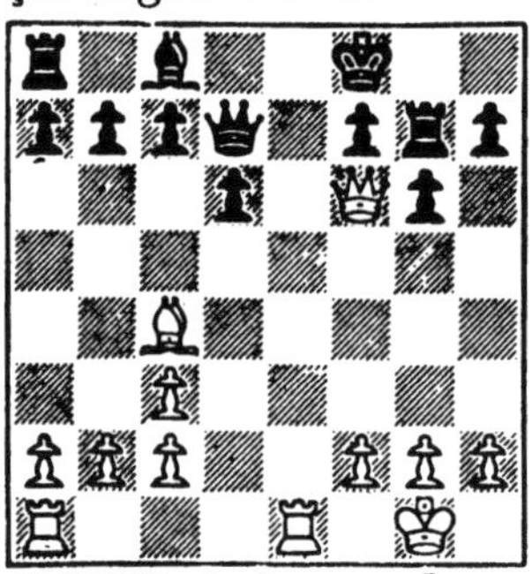

279 *As brancas levam nítida vantagem em desenvolvimento. Elas batem enquanto o ferro está quente: 1.BxP! Ameaçando B6R+ ou B8R+. Atrasado desenvolvimento das negras impede uma resposta satisfatória.*

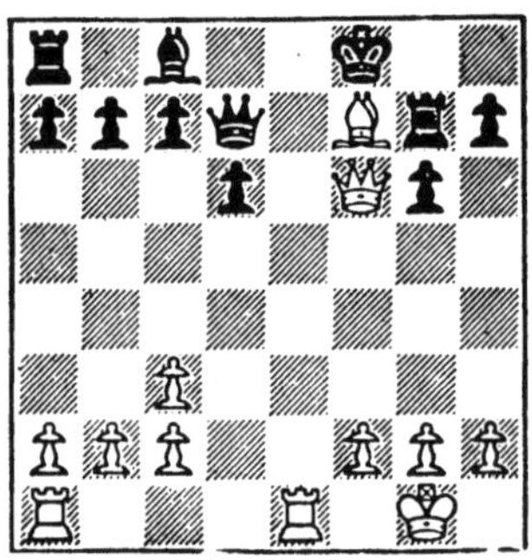

280 *As negras não têm recursos contra a ameaça de xeque descoberto; pois se 1.... TxB; 2.D8T mate; ou 1.... DxB; 2.D8D+ etc. As brancas em melhor desenvolvimento têm em mãos uma aguda decisão.*

REPERTÓRIO DE ABERTURAS

DESDE o início do século dezesseis, a teoria enxadrística tem sido motivo de intensa investigação, particularmente orientada para o estudo das aberturas.

A explicação é simples. Uma abertura de xadrez compreende uma série de lances consagrados, para ambos os lados. Existe uma enorme variedade de aberturas e, no correr dos séculos suas características, méritos e deméritos, têm se tornado muito familiares aos estudantes da teoria. A despeito da multiplicidade de aberturas, a idéia básica é sempre a mesma: assegurar a um dos lados, ou a ambos, os melhores lances que devem ser feitos no início da partida. Desde que estes primeiros lances imprimirão o rumo definitivo da partida, é evidente a sua importância.

Um estudo dos detalhes nesta altura, contudo, seria prematuro. Antes de aprendermos o que devemos esperar das aberturas, nós devemos saber o que se pode esperar do resto da partida; conhecermos nossas preferências e gostos.

Daí tentarmos dar ao leitor simples conhecimentos sobre a maioria das aberturas, que se acham em voga ainda em nossos dias. Algumas delas, como o Gambito do centro, raramente s jogadas. A Ruy Lopez, ao contrário, contin gozando de larga popularidade, através d tempos.

Em princípio todas as aberturas comporta *variantes* — alternativas que conduzem a nhas de jogo completamente diferentes ent si. Escaparia à alçada deste manual o estu de todas as variantes e além disso, acabar por confundir o leitor. Assim, selecionam uma linha de jogo dentro de cada abertur para que o leitor possa ter uma idéia ger: Os lances básicos que caracterizam cada abe tura, aparecem sublinhados; os lances varia tes, em tipo regular.

Gambito do Centro

ESTA abertura é pouco empregada atualment pois o prematuro desenvolvimento da dan provoca perda de tempo.

Brancas	Negras
1.*P4R*	*P4R*
2.*P4D*	PxP
3.DxP	C3BD
4.D3R	C3B
5.C3BD	B5C
6.B2D	O-O
7.O-O-O	T1R

As negras têm excelente jogo devido ao bom desenvolvimento. Compreende-se, daí, os motivos que relegaram esta abertura a plano secundário.

281 *Posição após 7.... T1R.*

Gambito Danês

Nesta abertura, as brancas sacrificam dois peões pelo rápido desenvolvimento.

Brancas	Negras
1. *P4R*	*P4P*
2. *P4D*	*PxP*
3. *P3BD*	PxP
4. B4BD	PxP
5. BxP	C3BR
6. P5R	B5C+
7. C3B	D2R
8. CR2R	C5R
9. O-O	....

As brancas estão com um ataque formidável. Ignoram os peões perdidos!

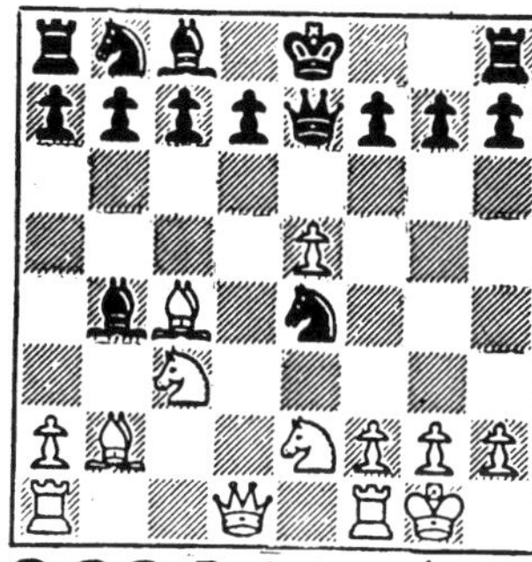

282 *Posição após 9. O-O.*

Gambito Escocês

Outrora muito popular, esta linha é pouco jogada atualmente.

Brancas	Negras
1. *P4R*	*P4R*
2. *C3BR*	*C3BD*
3. *P4D*	*PxP*
4. *CxP*	C3B
5. C3BD	B5C
6. CxC	PCxC
7. B3D	P4D
8. PxP	D2R+!
9. D2R	CxP

As negras têm pelo menos a igualdade. Obviamente, esta linha não é das mais recomendáveis.

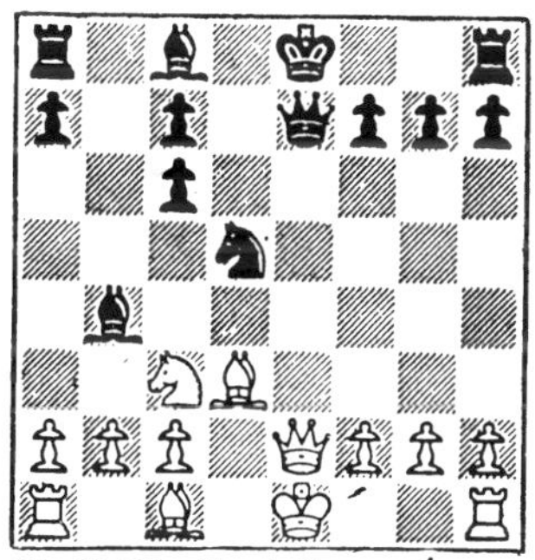

283 *Posição após 9.... CxP.*

Até aqui, estudamos linhas de jogo originárias de 1.P4R, — provavelmente o melhor para os principiantes. Verificamos ainda, que as negras não têm maiores dificuldades para igualar, quando as brancas jogam P4D muito cedo. O lance P4D requer maior preparação.

Giuoco Piano

Embora tida como uma "linha de jogo calmo", muitas vezes permite o desenvolvimento de partidas vivas e de complicada luta!

Brancas	Negras
1.*P4R*	*P4R*
2.*C3BR*	*C3BD*
3.*B4B*	*B4B*
4.P3D	C3B
5.C3B	P3D
6.B3R	B3C
7.D2D	B3R
8.B3C	....

Esta linha calma produz pouca agressividade, mas esta sua placidez deve recomendá-la aos principiantes.

284 *Posição após 8.B3C.*

Brancas	Negras
1.*P4R*	*P4R*
2.*C3BR*	*C3BD*
3.*B4B*	*B4B*
4.P3B	C3B
5.P4D	PxP
6.PxP	B5C+
7.C3B	CxPR
8.O-O	....

Linha de muita luta! Mesmo os mestres têm dúvidas sobre seus efeitos. Ideal para jogo de pouca responsabilidade.

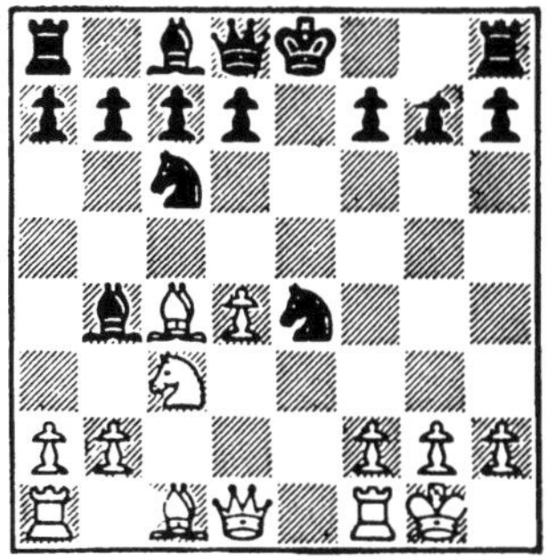

285 *Posição após 8.O-O.*

Gambito* Evans

UMA variante do Giuoco Piano, esta abertura tem produzido algumas das mais belas partidas registradas.

Brancas	Negras
1.*P4R*	*P4R*
2.*C3BR*	*C3BD*
3.*B4B*	*B4B*
4.*P4CD*	*BxP*
5.P3B	B4T
6.P4D	PxP
7.O-O	P3D
8.PxP	B3C
9.C3B	....

O esplêndido desenvolvimento das brancas permite boas possibilidades de ataque.

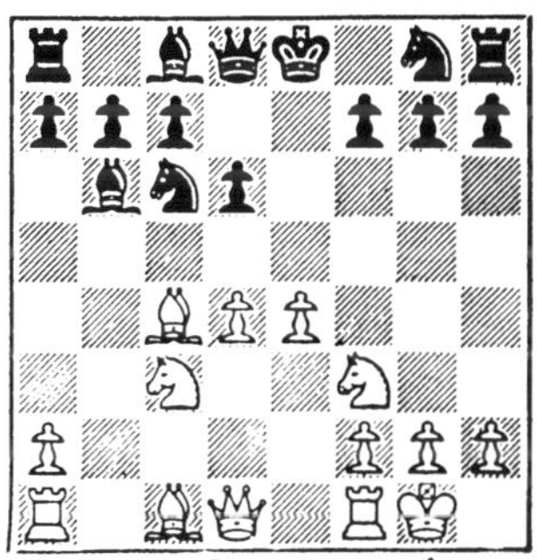

286 *Posição após 9.C3B.*

* Gambitos são aberturas que especulam à base de sacrifícios.

Nas duas variantes do Giuoco Piano acima transcritas, as brancas ou evitam P4D, contentando-se com o modesto P3D — ou inicialmente preparam P4D, jogando antes P3BD. Por que dizemos "preparam"? Porque, no caso de uma troca de peões no centro, as brancas obtêm o "centro clássico" — dois peões lado a lado na quarta fileira. Isto dá às brancas um belo jogo com amplas possibilidades de desenvolvimento e, conseqüentemente, mantém as peças negras afastadas das casas centrais.

O Gambito Evans é um exemplo típico dessa idéia. As brancas entregam um peão no início da partida, procurando ganhar tempo para o estabelecimento do "centro clássico".

Defesa dos Dois Cavalos

DESEJANDO-SE evitar o Giuoco Piano ou o Gambito Evans, pode-se jogar a Defesa dos Dois Cavalos:

Brancas	Negras
1.*P4R*	*P4R*
2.*C3BR*	*C3BD*
3.*B4B*	*C3B*
4.C5C	P4D
5.PxP	C4TD*
6.B5C+	P3B
7.PxP	PxP
8.B2R	P3TR
9.C3BR	P5R

Pelo peão sacrificado, as negras têm boa iniciativa.

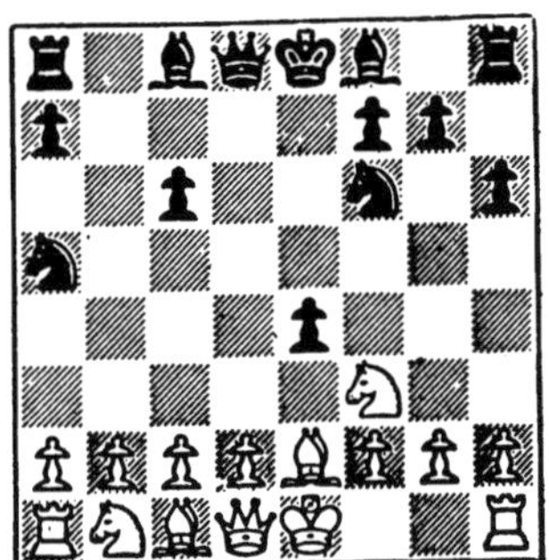

287 *Posição após 9.... P5R.*

* 5.... CxP; 6.CxPB?!, RxC; 7.D3B +, R3R constitui o famoso *Fegatelo*. Sem consistência, mas difícil para a defesa.

Adotando o Ataque Max Lange, as brancas revelam sua intenção de atacar vigorosamente. Ao contrário "A Partida dos Quatro Cavalos" traduz a protelação do lance P4D. Comumente esta linha leva a um jogo manobreiro que exige considerável dose de paciência.

Ataque Max Lange

ENGANOSA e rica em ciladas, esta abertura tem quebrado a cabeça dos pesquisadores por décadas!

Brancas	Negras
1. *P4R*	*P4R*
2. *C3BR*	*C3BD*
3. *B4B*	*B4B*
4. *O-O*	*C3B*
5. *P4D*	PxP
6. P5R	P4D
7. PxC	PxB
8. T1R+	B3R
9. C5C	D4D

Após 10. C3BD, D4B; 11. CD4R, O-O-O a posição fixa extremamente complicada.

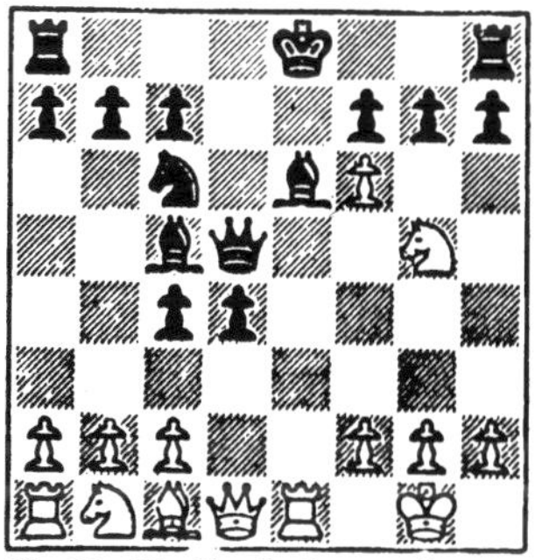

288 *Posição após 9. . . . D4D.*

Partida dos Quatro Cavalos

FLEUMÁTICA e sólida, esta linha de jogo se recomenda para os jogadores de espírito conservador.

Brancas	Negras
1.*P4R*	*P4R*
2.*C3BR*	*C3BD*
3.*C3B*	*C3B*
4.B5C	B5C
5.O-O	O-O
6.P3D	BxC
7.PxB	P3D
8.B5C	D2R
9.T1R	C1D

As brancas têm dois bispos ativos, mas a posição das negras é compacta e perfeitamente segura.

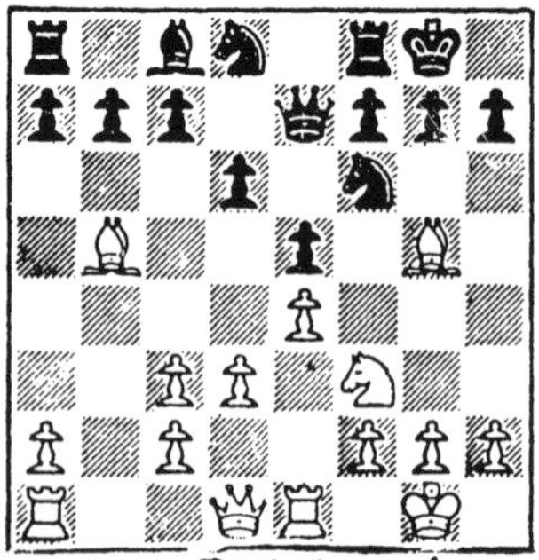

289 *Posição após 9.... C1D.*

Ruy Lopez

Por quase um século, a Ruy Lopez tem sido a abertura favorita daqueles que principiam a partida com 1.P4R. Na maioria de suas variantes, permite às brancas exercerem uma pressão difícil de ser neutralizada.

Brancas	Negras
1.*P4R*	*P4R*
2.*C3BR*	*C3BD*
3.*B5C*	P3TD
4.B4T	C3B
5.O-O	B2R
6.T1R	P4CD
7.B3C	P3D
8.P3B	O-O
9.P3TR	C4TD
10.B2B	P4B
11.P4D	D2B
12.CD2D	....

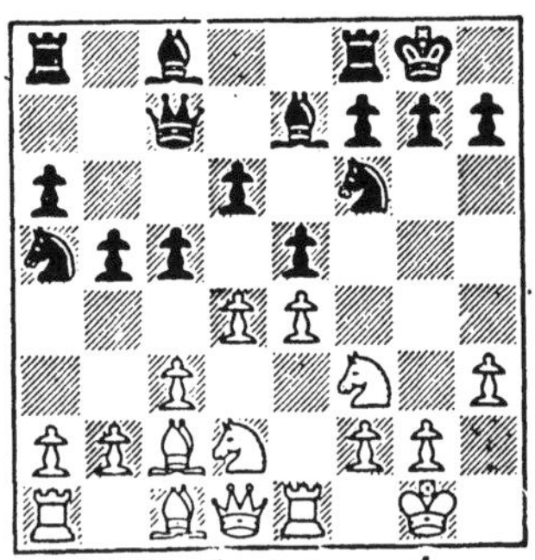

290 *Posição após 12.CD2D.*

Brancas	Negras
1. *P4R*	*P4R*
2. *C3BR*	*C3BR*
3. *B5C*	P3TD
4. B4T	CxP
5. O-O	C3B
6. P4D	P4CD
7. B3C	P4D
8. PxP	B3R
9. P3B	B2R
10. B3R	O-O
11. CD2D	CxC
12. DxC	....

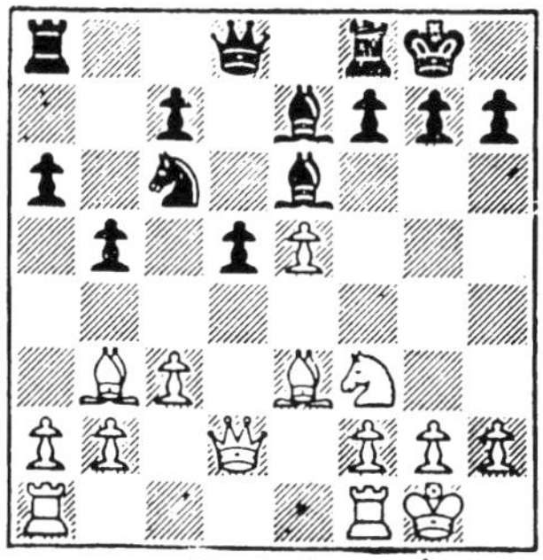

291 *Posição após 12.DxC.*

A primeira linha (ver Diagrama 290) conduz a manobras complexas. A segunda (ver Diagrama 291) leva a um jogo mais aberto, com uma batalha viva em perspectiva.

Na primeira variante, a posição se mantém congestionada por largo tempo e muitas vezes por toda a duração da partida, conduzindo a um tipo de luta que requer muita paciência por parte de ambos os contendores. A segunda é, sem dúvida, mais arriscada, e as negras ficam sujeitas a um poderoso ataque após o roque.

Defesa Petroff

SE a imitação é a forma mais sincera de lisonja, a Petroff deve ser considerada como excelente instrumento de lisonja!

Brancas	Negras
1. *P4R*	*P4R*
2. *C3BR*	*C3BR*
3. CxP	*C3BD*
4. C3BR	CxP
5. D2R	D2R
6. P3D	C3BR
7. B5C	DxD+
8. BxD	B2R
9. C3B	P3TR
10. B4T	B2D

A posição está equilibrada, porém as brancas estão mais à vontade.

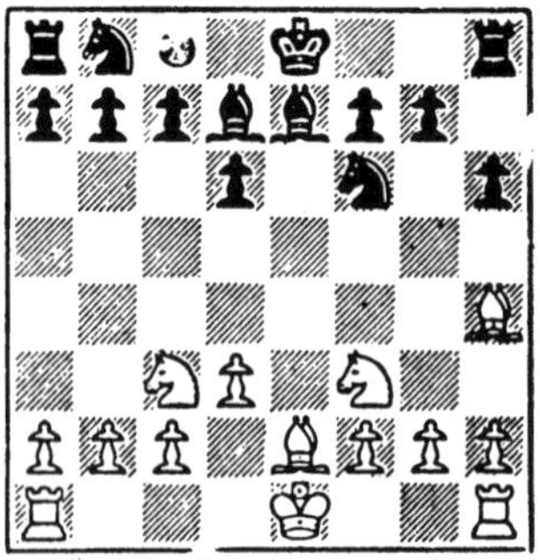

292 *Posição após 10. . . . B2D.*

Defesa Filidor

ESTA defesa conduz a posições congestionadas para as negras.

Brancas	Negras
1. *P4R*	*P4R*
2. *C3BR*	*P3D*
3. P4D	C3BR
4. C3B	CD2D
5. B4BD	B2R
6. O-O	O-O
7. D2R	P3B
8. P4TD	D2B
9. B3C	P3TR

As negras terão grandes dificuldades para desenvolver suas peças de forma conveniente.

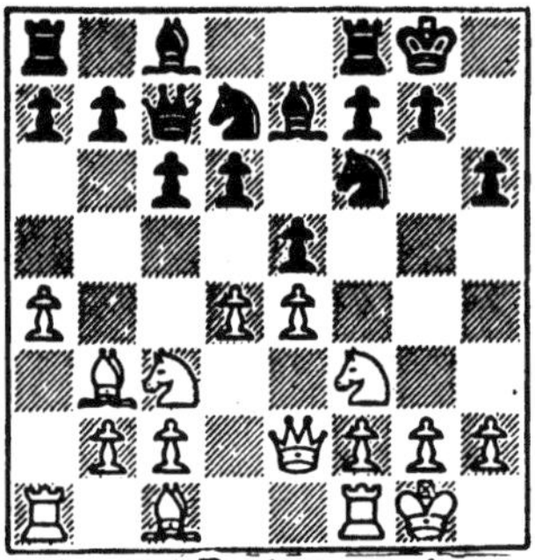

293 *Posição após 9. . . . P3TR.*

Gambito Vienense

A IDÉIA básica desta abertura é o preparo do avanço do peão-bispo-rei.

Brancas	Negras
1.*P4R*	*P4R*
2.*C3BD*	C3BR
3.P4B	P4D
4.PBxP	CxP
5.C3B	B2R
6.P4D	O-O
7.B3D	P4BR
8.PxP e. p.	BxP
9.O-O	C3B

As negras estão com um belo desenvolvimento e podem mantê-lo.

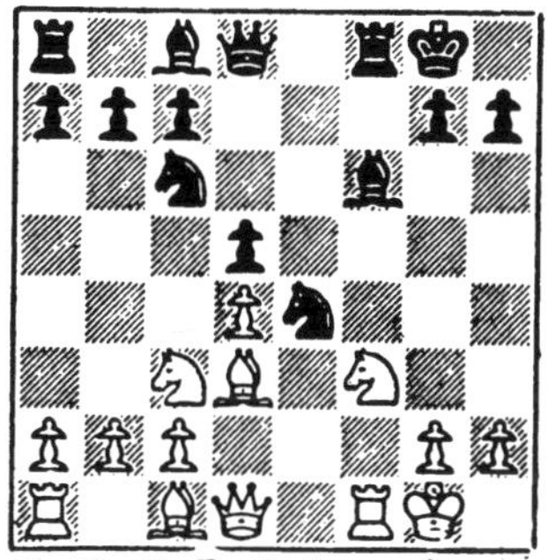

294 *Posição após 9.... C3B.*

Gambito do Rei

CONSIDERÁVEIS e rápidas complicações surgem desta que é a mais volátil de todas as aberturas do xadrez. Um exemplo é o Gambito Muzio:

Brancas	Negras
1.*P4R*	*P4R*
2.*P4BR*	*PxP*
3.C3BR	P4CR
4.B4B	P5C
5.O-O	PxC
6 DxP	D3B
7.P5R	DxP
8.P3D	B3T
9.C3B	C2R

As brancas têm suficiente ataque para compensar a peça que falta.

295 *Posição após 9.... C2R.*

Gambito do Rei Recusado

DISCRIÇÃO é a melhor demonstração de bravur[a]: as negras evitam as complicações advindas [d]a aceitação do gambito.

Brancas	Negras
1. *P4R*	*P4R*
2. *P4BR*	*B4B*
3. C3BR *	P3D
4. C3B	C3BR
5. B4B	C3B
6. P3D	B3R
7. B5C	P3TD
8. BxC+	PxB
9. P5B	B1B

As brancas avançam seus peões do flanco-rei; as negras pretendem efetuar ... P4D.

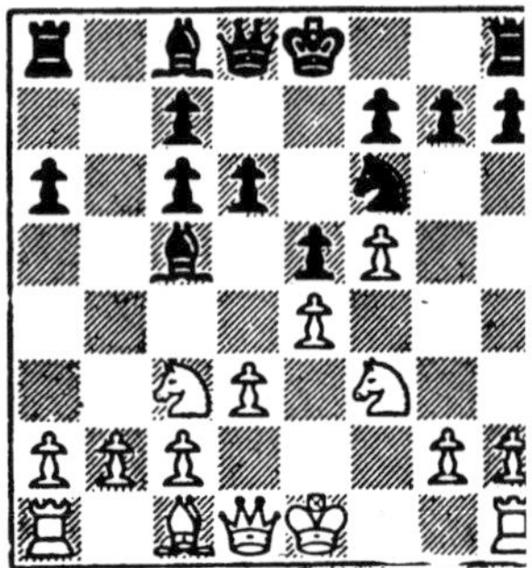

296 *Posição após 9. ... B1B.*

* Se 3.PxP??, D5T + seria terrível.

Contragambito Falkbeer

Eis outro caminho — mais vivo — para declinar do gambito. Jogadores empreendedores inclinam-se pelo Falkbeer.

Brancas	Negras
1. *P4R*	*P4R*
2. *P4BR*	*P4D*
3. PRxP	P5R
4. P3D	C3BR
5. PxP	CxPR
6. C3BR	B4BD
7. D2R	B4B
8. C3B	D2R
9. B3R	BxB
10. DxB	....

Posição equilibrada após 10.... CxC.

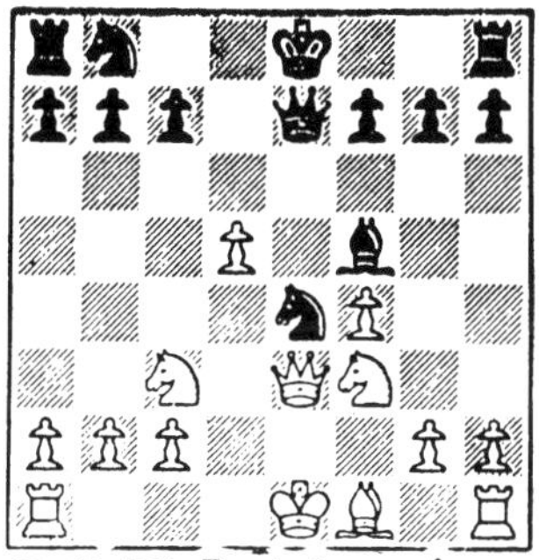

297 *Posição após 10. DxB.*

Defesa Siciliana

Adotando esta complexa, porém fascinante defesa, as negras evitam muitas linhas conhecidas que resultam de 1. P4R, P4R.

Brancas	Negras
1. *P4R*	*P4BD*
2. C3BR	C3BD
3. P4D	PxP
4. CxP	C3B
5. C3BD	P3D
6. B2R	P3CR
7. O-O	B2C
8. C3C	O-O
9. P4B	B3R

As brancas têm um forte centro de peões.

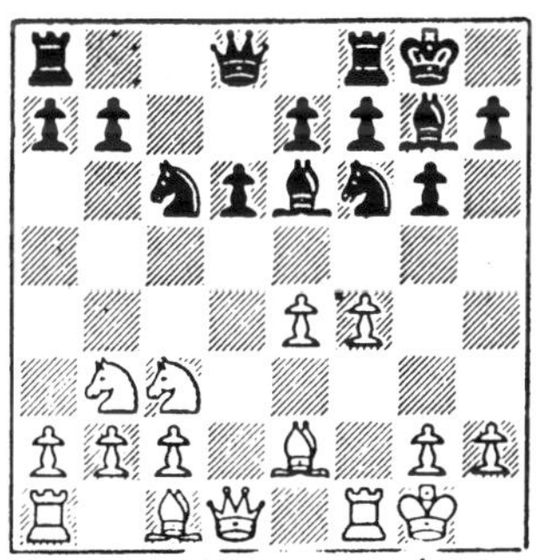

298 *Posição após 9.... B3R.*

Defesa Francesa

MAIS conservadora que a Siciliana, a Defesa Francesa mais se adapta ao estilo dos jogadores que possuem tenacidade defensiva.

Brancas	Negras
1. *P4R*	*P3R*
2. P4D	P4D
3. C3BD	C3BR
4. B5CR	B5C
5. P5R	P3TR
6. B2D	BxC
7. PxB	C5R
8. D4C	P3CR
9. B3D	CxB
10. RxC	P4BD

Segue-se uma partida tensa de ataque e contra-ataque.

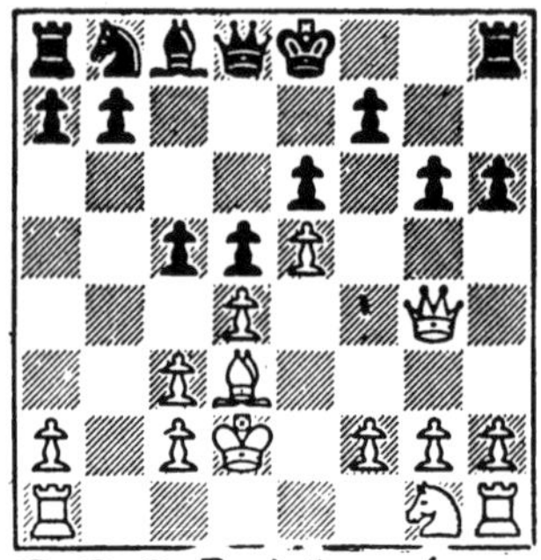

300 *Posição após 10. . . . P4BD.*

Defesa Caro-Kann

UMA das linhas mais fleumáticas à disposição das negras conduz freqüentemente ao empate.

Brancas	Negras
1. *P4R*	*P3BD*
2. P4D	P4D
3. C3BD	PxP
4. CxP	B4B
5. C3C	B3C
6. C3B	C2D
7. P4TR	P3TR
8. B3D	BxB
9. DxB	D2B
10. B2D	CR3B

As brancas têm somente uma leve iniciativa.

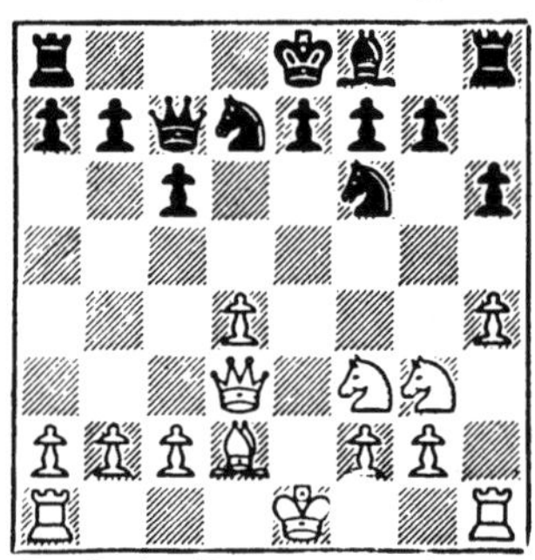

301 *Posição após 10. . . . CR3B.*

Nos três diagramas precedentes, vimos diversas respostas ao lance inicial das brancas 1.P4R. Ao jogador inexperiente, lances como 1.... P4BD, ou 1.... P3R, ou 1.... P3BD, podem parecer simples evasivas ou mesmo demonstrações de covardia.

Ponderáveis razões aconselham, algumas vezes, o amador a fugir do experimentadíssimo 1.... P4R. Por exemplo, iniciando seu oponente uma partida com 1.P4R, é possível que ele esteja ansioso por experimentar uma sua linha favorita — que lhe seja agradável e portanto desagradável para o condutor das negras. Procurando evitar uma dessas variantes incômodas, o condutor das negras pode adotar uma linha de defesa a seu próprio gosto e escolha.

Defesa Alekhine

Esta linha de jogo é tão viva e arriscada quanto a Caro-Kann é calma e segura!

Brancas	Negras
1. *P4R*	*C3BR*
2. P5R	C4D
3. P4BD	C3C
4. P4D	P3D
5. P4B	PxP
6. PBxP	C3B
7. B3R	B4B
8. C3BD	P3R
9. C3B	D2D
10. B2R	O-O-O

As brancas levam, de certo modo, o melhor disto.

302 *Posição após 10.... O-O-O.*

Veremos agora, defesas em que 1.P4D é respondido com 1.... P4D. Como regra, não é aconselhável ao aprendiz ensaiar tais linhas muito cedo, pois requer muita experiência e familiaridade com a teoria do xadrez. As aberturas do peão-dama conduzem geralmente a partidas posicionais. Mas podem também conduzir a brilhantes ataques no flanco-rei, pois, na realidade, produziram as aberturas do peão-dama, a grande maioria das brilhantes partidas jogadas entre os mestres, nos últimos quarenta anos.

Gambito da Dama Aceito

O SEGUNDO lance das negras permite às brancas, muitas vezes, maior presença no centro.

Brancas	Negras
1.*P4D*	*P4D*
2.*P4BD*	*PxP*
3.C3BR	C3BR
4.P3R	P3R
5.BxP	P4B
6.O-O	C3B
7.D2R	PxP
8.T1D	B2R
9.PxP	O-O

O jogo das negras está amarrado, mas elas possuem boas possibilidades de defesa.

303 *Posição após 9.... O-O.*

Gambito da Dama Recusado

A RESPEITO desta abertura, disse o grande Tarrasch "é a sala de música do xadrez". Ela é cheia de sutilidades.

Brancas	Negras
1. *P4D*	*P4D*
2. *P4BD*	*P3R*
3. C3BD	C3BR
4. B5C	CD2D
5. P3R	B2R
6. C3B	O-O
7. T1B	P3B
8. B3D	PxP
9. BxPB	C4D
10. BxB	DxB

As negras ainda dependem de muito esforço para liberar seu jogo.

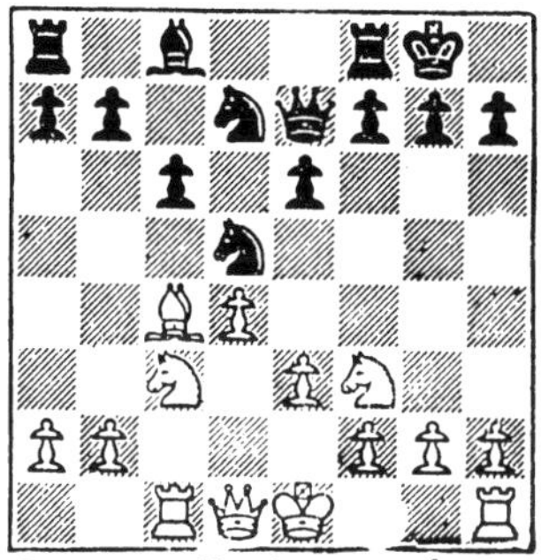

304 *Posição após 10. . . . DxB.*

Brancas	Negras
1. *P4D*	*P4D*
2. *P4BD*	*P3R*
3. C3BD	C3BR
4. B5C	CD2D
5. P3R	P3B
6. C3B	D4T
7. C2D	PxP
8. BxC	CxB
9. CxP	D2B
10. B3D	B2R

A posição das brancas está mais livre; as negras devem ter paciência.

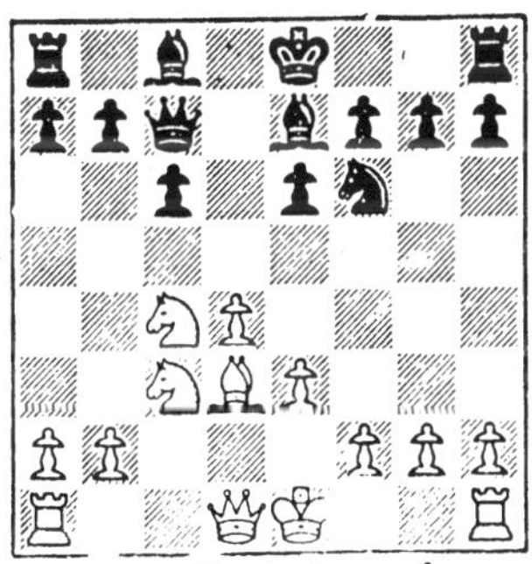

305 *Posição após 10. . . . B2R.*

Brancas	Negras
1.*P4D*	*P4D*
2.*P4BD*	*P3BD*
3.C3BR	C3B
4.C3B	PxP
5.P4TD	B4B
6.P3R	P3R
7.BxP	B5CD
8.O-O	O-O
9.D2R	B5C
10.T1D	CD2D

As brancas têm mais liberdade de ação. As negras estão na defensiva.

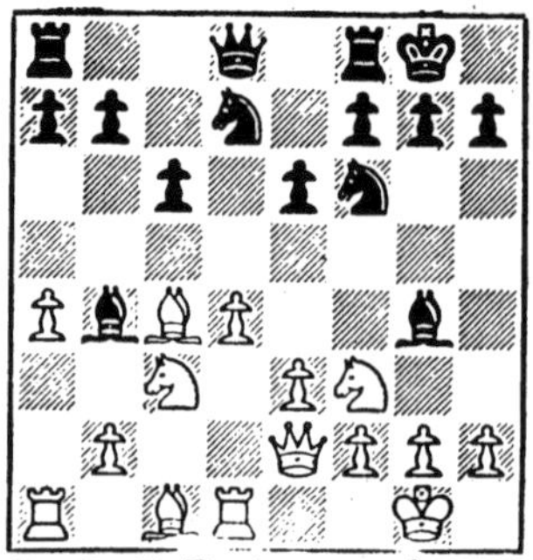

306 *Posição após 10. . . . CD2D.*

Brancas	Negras
1.*P4D*	*P4D*
2.*P4BD*	*P3BD*
3.C3BR	C3B
4.C3B	P3R
5.P3R	CD2D
6.B3D	PxP
7.BxPB	P4CD
8.B3D	P3TD
9.P4R	P4B
10.P5R	PxP
11.CxPC	. . . .

Uma posição verdadeiramente complicada!

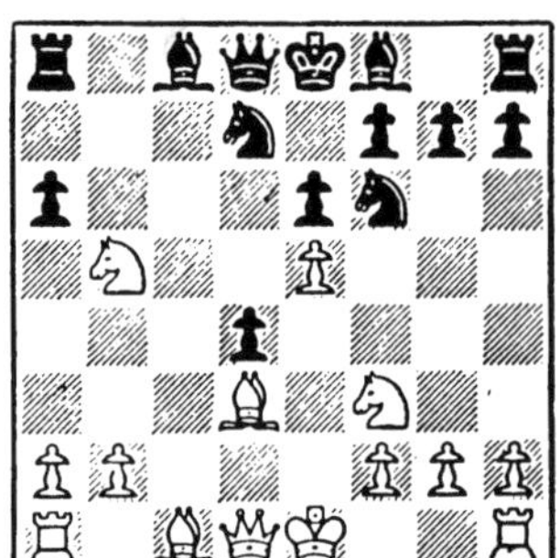

307 *Posição após 11.CxPC.*

Sistema Colle

PARA jogadores de pouca experiência, esta é uma das linhas mais recomendáveis. O desenvolvimento das brancas se faz de forma muito simples.

Brancas	Negras
1.*P4D*	*P4D*
2.*C3BR*	*C3BR*
3.*P3R*	P3R
4.B3D	P4B
5.P3B	C3B
6.CD2D	B3D
7.O-O	O-O
8.PxP	BxP
9.P4R	D2B
10.D2R	....

Resta para as brancas o problema do desenvolvimento do seu BD.

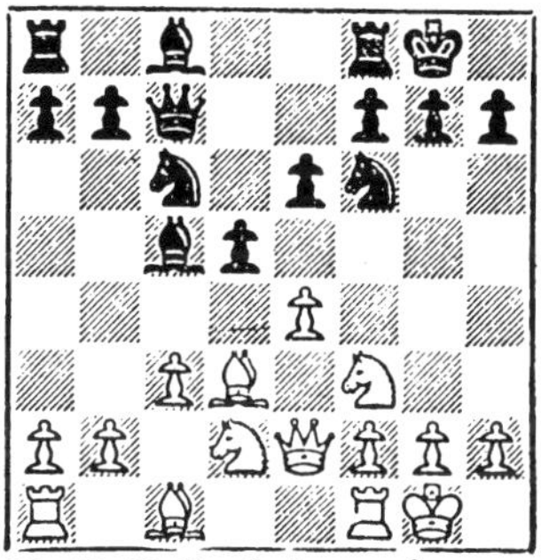

308 *Posição após 10.D2R.*

Com isto terminamos nosso breve estudo das aberturas resultantes de 1.P4D, P4D. Como conclusão, convém ressaltar que, de um modo geral, as negras ficam sempre com o problema do desenvolvimento do seu bispo-dama, interditado pela presença do peão em três rei. (Observe-se que isto não se registra para a variante ensaiada no Diagrama 306, porque as negras defenderam-se com com 2....P3BD, retardando o lance P3R. Assim procedendo, elas têm possibilidade de retirar antes o seu bispo-dama, para um papel ativo na partida.)

Além deste ponto, podemos ainda observar pelos últimos diagramas, a facilidade com que as negras se encerram na posição, neste tipo do abertura.

Defesa Nimzoíndia

Esta defesa é muito popular, porque dá às negras possibilidades de ações ativas.

Brancas	Negras
1. *P4D*	*C3BR*
2. *P4BD*	*P3R*
3. *C3BD*	*B5C*
4. D2B	C3B
5. C3B	P3D
6. P3TD	BxC+
7. DxB	O-O
8. P3CR	D2R
9. B2C	P4R

As brancas terão seus bispos em excelentes condições.

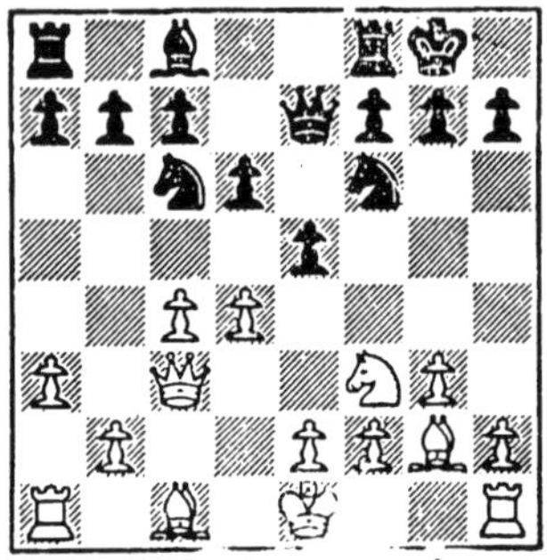

309 *Posição após 9.... P4R.*

Defesa Indiana da Dama

Por meio desta defesa, os jogadores inexperientes terão oportunidade de empregar o *fianqueto.* (Ver os terceiro e quarto lances das negras e quarto e quinto das brancas.)

Brancas	Negras
1. *P4D*	*C3BR*
2. *P4BD*	*P3R*
3. *C3BR*	*P3CD*
4. P3CR	B2C
5. B2C	B2R
6. O-O	O-O
7. C3B	C5R
8. D2B	CxC
9. DxC	B5R

A posição está equilibrada. Observe-se a força do bispo das negras em 5R.

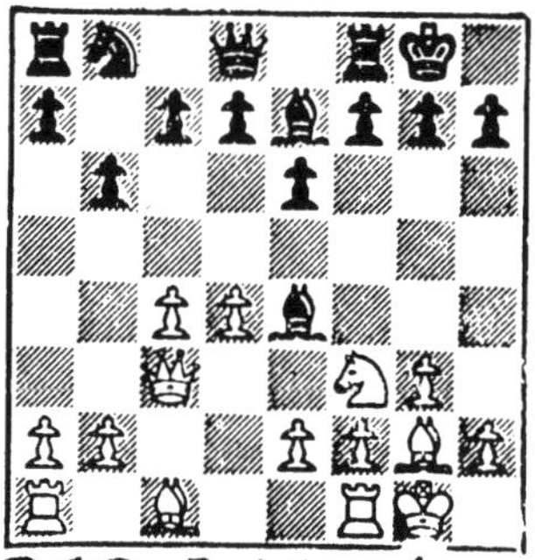

310 *Posição após 9. . . . B5R.*

Defesa Indiana do Rei

TEIMOSA e viva, esta variante testa a habilidade dos maiores jogadores.

Brancas	Negras
1. *P4D*	*C3BR*
2. *P4BD*	*P3CR*
3. C3BD	B2C
4. P4R	P3D
5. P3CR	CD2D
6. B2C	O-O
7. CR2R	P4R
8. O-O	T1R

As brancas têm leve controle das casas centrais, mas as negras possuem amplo espaço para manobrar.

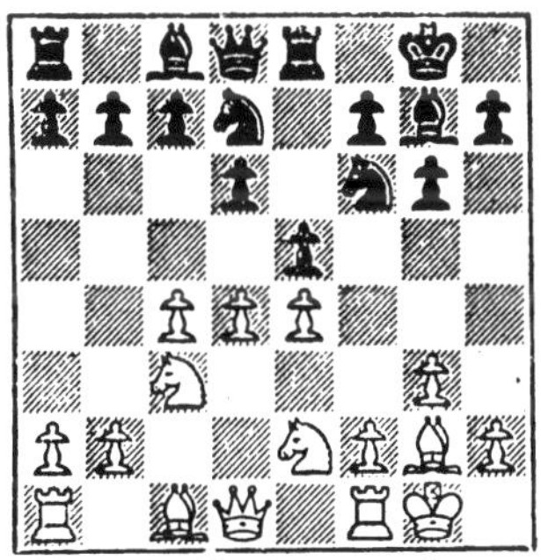

311 *Posição após 8. . . . T1R.*

Defesa Gruenfeld

AQUI novamente o fianqueto (fianchetto) desempenha uma grande função, enquanto que as negras tentam exercer pressão contra os peões brancos do centro.

Brancas	Negras
1. *P4D*	*C3BR*
2. *P4BD*	*P3CR*
3. *C3BD*	*P4D*
4. PxP	CxP
5. P4R	CxC
6. PxC	P4BD
7. B4BD	B2C
8. C2R	O-O

O bispo das negras, em fianqueto, *tem bom comandamento. Poderão as brancas manter sua melhor posição central?*

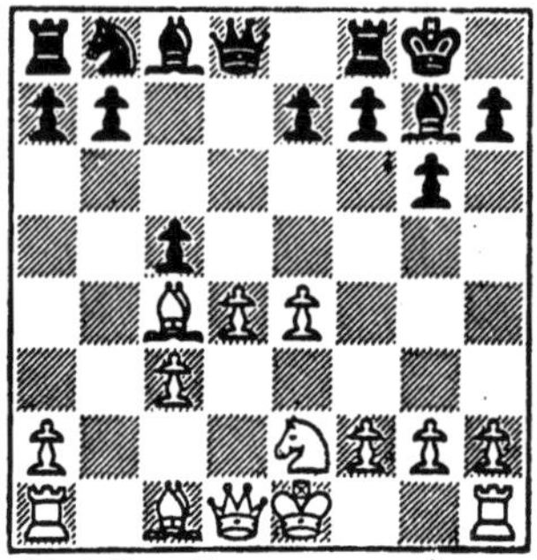

312 *Posição após 8. . . . O-O.*

Defesa Budapest

"CONTRA-ATAQUE" ou "gambito" em lugar de defesa, definiria melhor esta variante, favorita dos espíritos aventureiros.

Brancas	Negras
1. *P4D*	*C3BR*
2. *P4BD*	*P4R*
3. PxP	C5C
4. B4B	C3BD
5. C3BR	B5C+
6. CD2D	D2R
7. P3TD	C5CxPR
8. CxC	CxC
9. P3R *	BxC+
10. DxB	P3D

Os bispos das brancas obterão bom jogo, posteriormente.

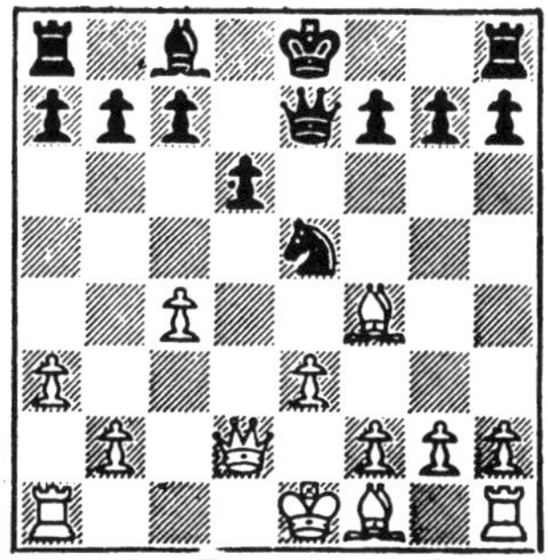

313 *Posição após 10.... P3D.*

As posições mostradas nos Diagramas 309-314, ilustram algumas das chamadas defesas "irregulares" contra o inicial 1. P4D. Estas linhas "irregulares" contra 1. P4D, equivalem às defesas francesa, siciliana e outras em relação a 1. P4R. Com elas, as negras podem traduzir sua vontade, jogar linhas de sua própria escolha, orientar a partida pelos canais preferidos. Contudo, tais variantes, como a Indiana do Rei, a Defesa Budapest ou a Gruenfeld, não devem ser jogadas sem algum preparo prévio.

Defesa Holandesa

EMBORA considerada "defesa", sua idéia é agressiva.

Brancas	Negras
1.P4D	P4BR
2.P3CR	P3R
3.B2C	C3BR
4.C3T	P4D
5.P4BD	P3B
6.O-O	B3D
7.C3B	O-O
8.D3D	D1R

O bispo das brancas em fianqueto *domina poderosamente a grande diagonal. As negras apresentam uma formação* stonewall.

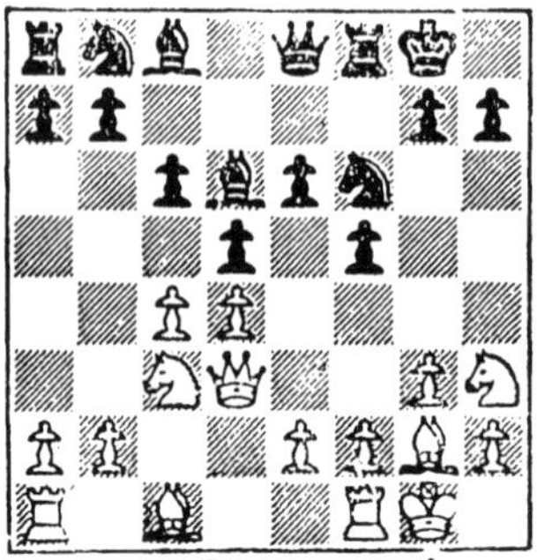

314 *Posição após 8. . . . CD2D.*

Assim concluímos nosso rápido repertório sobre as aberturas. Algumas regras simples, poderão ser úteis:

1. Iniciar com um dos peões centrais para ocupar o centro.

2. Salvo se houver motivo especial, procurar desenvolver uma peça em cada lance no início da partida.

3. De um modo geral, não movimentar uma peça já desenvolvida, dando preferência àquelas ainda em suas casas originais.

4. Considerar o roque como um lance de desenvolvimento. Realizá-lo cedo para resguardar o rei.

Biblioteca "ÊXITO"

Volumes publicados:

1.	*Do Fracasso ao Sucesso na Arte de Vender*	Frank Bettger
2.	*As Cinco Grandes Regras do Bom Vendedor*	Percy Whiting
3.	*Vença Pelo Poder Emocional*	Eugene J. Benge
4.	*Sucesso na Arte de Viver*	Harold Sherman
5.	*A Arte de Vender Para a Mulher*	Janet Wolf
6.	*TNT — Nossa Força Interior*	H. Sherman & C.
7.	*O Segredo da Eficiência Pessoal*	Donald A. Laird
8.	*Realize Suas Aspirações*	Elmer Wheeler
9.	*Dinamize Sua Personalidade*	Elmer Wheeler
10.	*Vença Pela Força do Pensamento Positivo*	Pierre Vachet
11.	*Venda Mais e Melhor*	W. K. Lewis
12.	*A Chave do Sucesso*	W. G. Damroth
13.	*Os Sete Segredos Que Vendem*	E. J. Hegarty
14.	*Psicologia Aplicada na Arte de Vender*	Donald A. Laird
15.	*Grandes Problemas e Grandes Soluções do Vendedor Moderno*	Percy H. Whiting
16.	*Ajuda-te Pela Cibernética Mental*	U. S. Anderson
17.	*Super-TNT — Liberte Suas Forças Interiores*	Harold Sherman
18.	*O Poder da Comunicação*	J. V. Cerney
19.	*O Poder da Cibernética Mental*	R. Eugene Nichols
20.	*Leis Dinâmicas da Prosperidade*	Catherine Ponder
21.	*Leitura Dinâmica em 7 Dias*	William S. Shaill
22.	*A Psicologia da Comunicação*	Jesse S. Nirenberg
23.	*Criatividade Profissional*	Eugene Von Fange
24.	*O Poder Criador da Mente*	Alex F. Osborn
25.	*Arte e Ciência da Criatividade*	George F. Kneller
26.	*Use o Poder de Sua Mente*	David J. Schwarts
27.	*Para Enriquecer Pense Como um Milionário*	Howard E. Hill

28. *Desperte Sua Força Mental*	Alex F. Osborn
29. *Criatividade — Progresso e Potencial*	Calvin W. Taylor
30. *Criatividade — Medidas, Testes e Avaliações*	E. Paul Torrance
31. *Psicologia, Técnica e Prática de Vendas*	Constantino Grecco
32. *Vença Pela Fé*	Gordon Powell
33. *Idéias Para Vencer*	Myron S. Allen
34. *A Força do Poder Interior*	J. J. McMahon
35. *O Líder — 500 Conceitos de Liderança*	Ilie Gilbert
36. *Gerência de Lojas*	Constantino Grecco
37. *O Líder — vol. II*	Ilie Gilbert
38. *Viver Agora*	Joel. S. Goldsmith
39. *O Líder — vol. III*	Ilie Gilbert
40. *Nos Bastidores da Venda*	I. R. Petarca
41. *Manual de Criatividade*	Mauro Rodrigues
42. *A Alegria do Triunfo*	Patrick Estrade
43. *Ajuda-te Pela Magia*	J. M. Nogueira
44. *Liderança Com Sucesso*	Isabel F. Furini
45. *O Poder do Subconsciente*	Marcel Rouet
46. *Otimismo em Ação*	Isabel F. Furini
47. *Como Tornar-se um Campeão de Vendas*	Celso Skrabe
48. *Os Sete Pilares do Sucesso em Vendas*	Jonathan Evetts
49. *Negociação Personalizada*	Tom Anastasi
50. *Salmos Para a Prosperidade*	Daniel G. Fischman
51. *Salmos Para a Proteção*	Daniel G. Fischman
52. *Meditando Dia-a-Dia*	Kinara Ananda
53. *Vender É uma Arte*	Terri Murphy
54. *Show de Vendas*	Sidney A. Friedman

leção "GNOSE"

lumes publicados:

As Grandes Religiões	Félicien Challaye
As Sociedades Secretas	Herman & Georg Schreiber
Fenômenos Ocultos	Zsolt Aradi
O Poder da Meditação Transcendental	Anthony Norvell
O Poder das Forças Ocultas	Anthony Norvell
A Bíblia Estava Certa	H. J. Schonfeld
O Ensino das Mahatmas (Teosofia)	Alberto Lyra
Mistérios Cósmicos do Universo	Adrian Clark
A Evolução Divina da Esfinge ao Cristo	Édouard Schuré
Raízes do Oculto — A Verdadeira História de Madame H. R. Blavatsky	Henry S. Olcoot
O Budismo do Buda	Alexandra David-Neel
Diálogos de Confúcio	
A Sugestão Mental	J. Ochorowicz
A Magia e o Diabo no Século XX	Alberto Lyra
Catecismo Budista	Henry S. Olcott
Além da Razão — O Fenômeno da Sugestão	Jean Lerède
Os Grandes Iniciados	Édouard Schuré
A Arca da Aliança	Michel Coquel
Os Caminhos do Graal	Patrik Rivière
Os Mistérios da Rosa-Cruz	Christopher McIntosh
Zoroastro — Religião e Filosofia	Paul du Breuil
Qabalah — A Doutrina Secreta dos judeus numa Perspectiva Ocidental	Alberto Lyra
A Alquimia e Seus Mistérios	Cherry Gilchrist
O Poder da Magia	Israel Regardie
Reencarnação e Imortalidade	Alexandra David-Neel
A Religião Astral dos Pitagóricos	Louis Rougier
Tao Te King / I Ching — O Caminho do Sábio	Sérgio B. de Brito
A Franco-Maçonaria	Robert Ambelain
O Mistério de Jesus	Vamberto Morais
A Meditação pela Ioga	Vamberto Morais
Retorno ao Centro	Bede Griffiths
O Pensamento Védico	Carlos Alberto Tinôco
A Primeira Comunidade Cristã e a Religião do Futuro	Vamberto Morais
Psicologia Oriental — Os Sete Raios	Padma Patra
O Tarô Esotérico — O Livro de Toth	Julio Peradjordi
O Sobrenatural Através dos Tempos	Marc André R. Keppe
Os Cátaros e o Catarismo	Lucienne Julien
Santa Verônica e o Sudário	Ewa Kuryluk
O Sentido da Vida	Vamberto Morais
O Povo do Segredo	Ernst Scott
Meditação ao Alcance de Todos	Henepola Gunarátana
A Deusa da Compaixão e do Amor	John Blofeld
A Religião do Terceiro Milênio	Vamberto Morais
O Poder do Som	Padma Patra
Tratado da Pedra Filosofal de Lambsprinch	Arysio N. Santos
O Ocultismo Sem Mistérios	Lorena de Manthéia
As Upanishads	Carlos Alberto Tinôco
Parábolas para Nosso Tempo	Vamberto Morais
Pense Grande — A Maçonaria em Prosa e Verso	Saly Mamede
Misticismo à Luz da Ciência	Newton Milhomes
Videntes do Cristo	Adelaide P. Lessa
História da Bíblia Velho Testamento	Archer W. Smith
História da Bíblia NOvo Testamento	Archer W. Smith
MT — O Despertar para para o Conhecimento	Marília de Campos

Biblioteca Literatura e Arte

Volumes publicados:

1. *Ninguém Escapará* — Hans H. Hirst
2. *O Amor Tudo Vence* — James G. Gozzens
3. *Anatomia do Crime* — Flobert Traver
4. *O Demônio do Escurial* — Herman Kesten
5. *Ao Deus Desconhecido* — John Steinbeck
6. *As Amorosas* — Kathleen Windsor
7. *Alvorada Vermelha* — Hans H. Kirst
8. *A Vida Não se Importa* — Natalia GMsburg
9. *O Arco-Íris e a Rosa* — Nevil Shute
10. *Rebeldia de um Bravo* — Gerard Greem
11. *Conflito* — Charles Mergendahl
12. *O Livro de Mamãe* — Albert Cohen
13. *Nome: Clotilde* — C. Saint-Laurent
14. *Entre Duas Paixões* — Charles Mergendahl
15. *Chão Trágico* — Erskine Caldwell
16. *A Cidade do Ódio* — Erskine Caldwell
17. *Narciso Negro* — Rumer Godden
18. *Passageiros para Hong-Kong* — Simon Kent
19. *O Destino Viaja de Ônibus* — John Steinbeck
20. *O Novo Caminho* — Frank G. Slaughter
21. *Os Lincoln Lords* — Cameron Hawley
22. *O Corarão de Pedra Verde* — Salvador de Madariaga
23. *Ambições Perdidas* — Alberto Moravia
24. *Volta à Caldeira do Diabo* — Nevil Shute
25. *O Homem que se Encontrou* — Nevil Shute
26. *Os Trapaceiros* — Françoise D'Eaubonne
27. *As Botas do Diabo* — Kurt Falkenburger
28. *A Tentação do Dr. Carte* — Frank S. Slaughter
29. *O Rouxinol Sempre Retorna* — Romain Gary
30. *Os Primos* — Jehanne Jean-Charles
31. *Amores de um Milionário* — Cameron Hawley
32. *Os Donos da Terra* — Erskine Caldwell
33. *Frenesi de Verão* — Erskine Caldwell
34. *Obsessão* — Tom Gurr/ H. H. Cox
35. *Orfeu Negro* — Violante do Canto
36. *Três Destinos* — Erskine Caldwell
37. *Eva* — Meyer Levin
38. *O Revolucionário — A História Real do Apóstolo São Paulo* — Emile Bradford
39. *Os Bruxos* — Francisco Brasileiro
40. *Kamikaze — Piloto Suicida* — Saburo Sakai
41. *3 Mulheres de Xangô* — Zora Seljan
42. *Como Fisgar um Marido* — H.E. Bates

43. *Vidas Falsas* — Gracc Metalious
44. *Zumbidos Palmares*— L. M. ue Albuquerque
45. *O Romance Modernista de Plínio Salgado* — A. Garcia Doria
46. *Prisioneiro no Paraíso* — Garst Rogers
47. *Cartas de Amor* — John Fostini
48. *O Amor Conjugal* — Alberto Moravia
49. *O Lago de Fogo* — Heitor Marçal
50. *O Painel de Gardênia* — Lígia Junqueira
51. *Baianos* — A.L. de Souza
52. *Trópico de Câncer* — Henry Miller
53. *Trópico de Capricórnio* — Henry Miller
54. *Primavera Negra* — Henry Miller
55. *O Chapéu Mexicano* — Aldous Huxley
56. *Fogo-Fátuo* — Aldous Huxley
57. *Duas ou Três Graças* — Aldous Huxley
58. *A Cidade Perdida* — Jerônimo Monteiro
59. *Salim, O Mágico* — Malba Tahan
60. *Mário de Andrade*— Henrique L. Alves
61. *Espaço* — G. Carmo
62. *Cartada Diabólica* — Archer W. Smith e Aries L. Smith
63. *Os Degredados Filhos de Eva* — Francisco Brasileiro
64. *Três Sargentos* — Aldo Nay
65. *Caro Senhor Arcanjo, Cheio de Estrelas por que não me Escutais? (Desabafos e Depoimentos)* — Mário Graciotti
66. *Anima Mea* — Marcelina M. Morschel
67. *O Vôo da Paz* — Vários autores
68. *O Capitão Jagunço* — Paulo Dantas
69. *Setas do Arco-Íris* — J.M. Cunha Lima
70. *Odisséia no Planeta Terra* — G. Carmo
71. *Outro Caminho da Libertação* — Mário Graciotti
72. *Esta Moeda Salva o Mundo* — Mário Graciotti
73. *Em Manhattan do Terceiro Mundo* — Antonio P. Sampaio
74. *Terra — O Planeta Poluído* — G. Carmo
75. *A Presença dos Irmãos Grimm na Literatura Infantil e no Folclore Brasileiro* — Adelino Brandão
76. *Nhanduti de Palavras e Emoções (Poesias)* — Germano do Carmo
77. *Os Pavões e os Urubus (Contos)* — Aliette Papi
78. *A Presença dos Cordelistas e Cantadores Repentistas em São Paulo* — Assis Ângelo
79. *Montando Estórias* — Milton Neves
80. *O Bicho-da-Seda e seu Casulo* — Germano do Carmo
81. *Arrelia — Uma Autobiografia* — Waldemar Seyssel
82. *Orações que o Povo Reza* — Mario Souto Maior
83. *De Trens e Emoções* — Oliver Hossepian

BIBLIOTECA "PSICOLOGIA E PSIQUIATRIA"

Volumes Publicados:

01.	*O Segredo da Paz Familiar*	H.F. Tashman
02.	*Usos e Abusos da Psicologia*	H.J. Eysenck
03.	*Relações Humanas*	Thomason/Clement
04.	*Ajuda-te Pela Psiquiatria*	Frank S. Caprio
05.	*Nos Subterrâneos da Mente*	Fritz Redlich
06.	*Descobre-te a Ti Mesmo*	Stephen Lackner
07.	*Seja Invulnerável*	Laura A. Huxley
08.	*Renovar para Vencer*	John W. Gardner
09.	*A Conquista da Mente*	William Sargant
10.	*As Drogas e a Mente*	Robert De Ropp
11.	*Fato e Ficção na Psicologia*	H.J. Eysenck
12.	*A Marca da Violência*	F. Wertham
13.	*Condicionamento Pessoal*	Hornell Hart
14.	*Sonhos e Pesadelos*	J.A. Hadfield
15.	*As Três Faces de Eva*	C.H. Thigpen
16.	*Lavagem Cerebral (O Rapto do Espírito)*	J.A. Merloo
17.	*A Face Final de Eva*	J. Poling
18.	*O Século de Freud*	Benjamin Nelson
19.	*Ajude seu Marido a Vencer*	Kenneth Hutchin
20.	*A Criança Problema*	Joseph Roucek
21.	*A Criança Excepcional*	Joseph Roucek
22.	*Psicoterapia de Grupo*	Vários
23.	*História da Psiquiatria*	Sheldon Selesnick
24.	*A Necessidade de Amor*	Theodor Reik
25.	*Qual o Problema de seu Filho?*	Francis L. Ilg e L.B. Ames
26.	*A Juventude Descobre o Amor*	E.M. Duvall
27.	*A Saúde Mental da Criança*	Michael M. Miller
28.	*A Nova Juventude*	W. Menninger
29.	*Eros e Tanatos – O Homem Contra si Próprio*	W. Menninger
30.	*Amor Contra o Ódio*	K. Menninger
31.	*A Mente Humana*	K. Menninger

Ajuda-te pela Nova-Hipnose	Paul Adams
Saúde Mental na Empresa Moderna	Harry Levinson
Ajuda-te pela Psicologia Aplicada	R.H. Anderson
Psicologia da Criança	Hingston/Bernard
Como a Criança Pensa	Ruth M. Beard
Análise Científica da Personalidade	Raymond Cattell
Comunicação e Dinâmica de Grupo	Michael Argyle
Guia Prático para Entender Piaget	E. Hitchfield
Como Alterar o Comportamento Humano	H.R. Beech
Senso e Contra-Senso na Psicologia	H.J. Eysenck
ABC da Psiquiatria	W. Menninger
Sexo, Pornografia e Personalidade	H.J. Eysenck
Piaget: Teoria e Prática	P.G. Richmond
A Arte de Criar Filhos sem Fazer Força	Marvin J. Gersh
Problemas Entre Pais e Filhos (Como Resolvê-los)	W. Menninger
Ajuda-te pela Auto-Análise	Laura A. Huxley
Seu Filho de 0 a 12 Anos	Helena Savastano e Outros
Os Valores e os Fatos	A.P. Rodolphi Agatti
Nosso Mundo Mental	Isaac Mielnik
O Comportamento Infantil	Isaac Mielnik
Psicologia Aplicada à Educação e Orientação	Frances L. Ilg e Louise B. Ames
Piaget na Prática Escolar	Hans G. Furth e Harry Wachs
Os Pais não são Culpados pelas Neuroses dos Filhos	Edmund Bergler
Novos Horizontes da Psicologia	P.C. Dodwell
Ajuda-te pela Autopsicoterapia	Martin Shepard
Conviviologia	Ilie Gilbert
Excitação Sexual	Robert J. Stoller
O Caminho para a Libertação Feminina	Albert Ellis
A Nova Mulher	L.Z. Bloom, K. Coburn e Joan Pearlman
Ajuda-te pela Auto-Hipnose	Freda Morris

IMPRESSÃO E ACABAMENTO
Bartira Gráfica e Editora

NAS LIVRARIAS